每天一堂
非遗文化课（传统戏剧卷）

杨素梅◎主编

中国华侨出版社

图书在版编目(CIP)数据

每天一堂非遗文化课："小橘灯"非遗文化普及读本·传统
戏剧卷 / 杨素梅主编.—北京:中国华侨出版社,2012.7（2021.2重印）

ISBN 978-7-5113-2692-8

Ⅰ.①每…　Ⅱ.①杨…　Ⅲ.①古代戏曲–介绍–中国
Ⅳ.①K203

中国版本图书馆 CIP 数据核字(2012)第166977号

每天一堂非遗文化课："小橘灯"非遗文化普及读本·传统戏剧卷

主　　编 / 杨素梅
责任编辑 / 筱　雁
责任校对 / 孙　丽
经　　销 / 新华书店
开　　本 / 787×1092 毫米　1/16 开　印张/16　字数/240 千字
印　　刷 / 三河市嵩川印刷有限公司
版　　次 / 2012年10月第1版　2021年2月第2次印刷
书　　号 / ISBN 978-7-5113-2692-8
定　　价 / 45.00 元

中国华侨出版社　北京市朝阳区静安里 26 号通成达大厦 3 层　邮编:100028
法律顾问:陈鹰律师事务所
编辑部:(010)64443056　　64443979
发行部:(010)64443051　　传真:(010)64439708
网址:www.oveaschin.com
E-mail:oveaschin@sina.com

前言

　　根据联合国教科文组织通过的《保护非物质文化遗产公约》中的定义，"非物质文化遗产"指被各群体、团体、有时为个人所视为其文化遗产的各种实践、表演、表现形式、知识体系和技能及其有关的工具、实物、工艺品和文化场所。

　　中国的非物质文化遗产其种类之繁多、形式之多样、内容之丰富，在世界也是少有的，这些主要通过"口传心授"的方式传承下来、以非物质形态存在的非物质文化遗产，内容丰富、形式多样，包括口头传统、传统表演艺术、民俗活动、礼仪、节庆、传统手工艺技能等。

　　本着帮助青少年拓展知识面，开阔视野，了解和传承中国最传统的文化精萃的目的，本套丛书应运而生。丛书将中国的上千种非物质文化遗产分为传统工艺、传统戏剧、民间文学、民间艺术、民俗文化和曲艺杂技六大部分，分为六册，详细介绍中国非物质遗产的起源、发展和传承情况。

　　《传统工艺卷》包含饮食、织染、服饰、制陶、建筑、锻造等一系列代代相传的手工艺制造技术。这些传统手工技艺曾经造福了一代代的中国人，让无数的手工业从业者过上了好日子，因此在普遍进行大工业机器生产的今天，这些技术类非物质文化遗产仍然有其独特的传承意义。

　　戏剧是中国的国粹，《传统戏剧卷》是全国各地各式各样的地方戏剧的合集。这些戏剧种类中，既有京剧、昆曲这种在全国范围内极具影响力的大剧种，也有很多仅在乡野之地流传，受当地百姓欢迎的小剧种。这些不同的戏剧种类之间既有不同又互相影响，共同构成了中华民族传统的非物质戏剧文化遗产。

中华民族有着五千年悠久的文明史，《民间文学卷》汇集了中国历史上那些最著名的民间故事。这些美丽的故事经过一代代的口口相传逐渐变得广为人知，成为了中国传统文化中一道亮丽的风景线。

《民间艺术卷》包含音乐、舞蹈、刺绣、美术和雕刻五大民间艺术类别中的一百余种非物质文化遗产项目。这些民间艺术的传承绝不仅仅只是文化遗产的传承，更是中国传统的审美取向的传承，它们中的任何一项，都足以震撼人们的心灵。

五千年来，中华民族在日常生活中形成了无数的民俗文化遗产。《民俗文化卷》着重介绍这些人们至今为止仍然喜闻乐见的风俗习惯，将这些中国人自古以来的生活方式画卷般展示在你的眼前，让你体会最原汁原味的中国式生活。

《曲艺杂技卷》包含全国各地的上百种曲艺文化遗产，这些曲艺杂技形式在物质文化生活极度发达的今天多半已经到了濒临失传的尴尬境地。作为中华民族的子孙，我们有义务去了解这些中华文化中的精粹，让这些老祖宗的智慧结晶永远流传下去。

本丛书内容详实、语言生动、图片精美、信息量极大，几乎涵盖了所有已被评为非物质遗产的中国文化项目，它是广大青少年课余生活的理想伴侣，也是学校可以为学生选择的最理想的课外读物，让青少年在阅读的同时体味中国传统文化中的美，在陶冶性情的同时让这些中国非物质文化遗产传承下去，使其源远流长。

CONTENTS 目 录

第一章　华北地区戏剧

1

第四章 中南地区戏剧

第五章　西南地区戏剧

第六章　西北地区戏剧

第一章
华北地区戏剧

北京市

【非物质文化遗产百科名片】	遗产项目	京剧
	所属地区	北京
	艺术特点	以脸谱形象突出人物角色和性格,以形传神,物我渗透,拥有极高的艺术表现力。
	传承意义	京剧现代性,可以与时俱进地焕发活力,从而成为推动历史、影响现实的精神力量,建构具有中国特色的社会主义与和谐的人类社会有着重要的现实意义。

　　"那一天爷爷领我去把京戏看,看见那舞台上面好多大花脸,红白黄绿蓝颜色油的脸……蓝脸的窦尔敦盗御马,红脸的关公战长沙,黄脸的典韦,白脸的曹操,黑脸的张飞叫喳喳……"

　　这首唱起来朗朗上口、听起来悦耳无比的歌,名叫《唱脸谱》,它所唱的正是京剧中的"脸谱"。

　　众所周知,唱京剧的演员们都要画脸谱。不过,这脸谱可不是随便画的。京剧有一个特点,那就是——在人的脸上涂上某种颜色以象征这个人的性格、角色和命运,帮助人们理解剧情。一般来说,红脸含有褒义,代表忠勇;黑脸为中性,代表猛智;蓝脸和绿脸也为中性,代表草莽英雄;黄脸和白脸含贬义，代表奸诈凶恶；金脸和银脸是神秘，代表神妖。这一点，我们在上面的歌词中也多少有所体会。

那么，京剧除了脸谱这个有意思的特点以外，还有什么独到之处呢？为什么会有如此多的人都热衷于它，并将其称之为"国粹"呢？下面，我们就给大家详细地介绍一下京剧。

被称为"国粹"的京剧，是我国最具影响力的汉族戏曲剧种之一，至今已有两百多年的历史。它的前身为徽调，通称皮黄戏。曾一度称为平剧，后改称京剧。

在表演上，京剧歌舞并重，融合了武术技巧，多用虚拟性动作、节奏感强，创造了许多程式性的表演动作。京剧行当分生、旦、净、末、丑，用京胡、二胡、月琴、三弦、笛、唢呐及鼓、锣、铙钹等乐器伴奏。

唱、念、做、打是京剧表演的四种艺术手段法，也是京剧表演的四项基本功。戏曲演员从小就从这四个方面进行训练，虽然有的演员擅长唱功（唱功老生），有的行当以做功（花旦）为主，有的以武打为主（武净）。但是，不管演员擅长哪一项，他都必须有过硬的唱、念、做、打这四种基本功，唯有这样，才能充分发挥作为歌舞剧的戏曲艺术表演的功能，更好地表现和刻画戏中的各种人物。

京剧的传统剧目约有1000出，常演的大概有400出左右，比较擅长于表现历史题材的政治、军事斗争，故事大多取自历史演义和小说话本。既有整本的大戏，也有大量的折子戏，此外还有一些连台本戏。比如，咱们熟悉的《霸王别姬》《贵妃醉酒》《穆桂英大破天门阵》，等等，都非常的精彩。

京剧形成虽然不过 200 年的时间，但它的根基却异常坚实而雄厚。京剧具有总体的写意性，以形传神，物我渗透，将生活的自然形态提炼概括为节奏鲜明、韵律严整的程式，大大提高了艺术表现力。京剧按照美的规律进行创造，并且不遗余力地追求美。比如，京剧中旦角的表演往往千娇百媚、美轮美奂、一笑一颦、一招一式都融合于美的氛围之中。鉴于此，在 2010 年 11 月 16 日，国家将京剧列入人类非物质文化遗产名录。

京剧艺术具有现代性，可以与时俱进地焕发活力，从而成为推动历史、影响现实的精神力量。京剧所蕴藏和承载的文化内涵和精神价值，能够为民族魂魄的振作、民族精神的弘扬、民族价值观念的再造、民族文化的复兴提供营养和资源，对建构具有中国特色的社会主义与和谐的人类社会有着重要的现实意义。

单弦

【非物质文化遗产百科名片】	遗产项目	单弦
	所属地区	北京
	艺术特点	简单有力，主要采取说唱的形式，具有描景、叙事、抒情感怀、文字文学游戏等多种类型，清雅优美，极具文学性、艺术性和欣赏性。
	传承意义	单弦简单，不用太复杂的道具和乐器，传承单弦可以促进文艺事业的发展，丰富文艺事业的种类，对推进我国社会主义现代化尤其是文化现代化有着极其重要的作用。

乾隆、嘉庆年间，单弦作为曲艺的一种，开始在北京城郊流行。相传，单

弦的前身是北京满族子弟流行的"八角鼓"里的一种自娱娱人的演唱形式，也就是说唱艺术，所以又被称为"唱八角鼓"。这种说唱形式在满族子弟间流行，大概在光绪初年逐渐演变成百姓喜闻乐见的方式在北京流行开来。

据艺人们说，乾隆皇帝喜欢岔曲，并发给一种"龙票"悬挂在排演场，这个排演场俗称"票房"，后来八旗子弟也多效仿，在北京演唱岔曲的业余组织就称为"票房"，业余演唱者称为"票友"，这一习俗一直流传下来，至今京津两地"票房"活动仍很活跃。

单弦的演出形式最初是一人手持八角鼓击节，一人以三弦伴奏演唱，时称"双头人"。当时有一个艺名叫随缘乐的有旗籍子弟自编曲词，自弹自唱于茶馆，贴出的海报上写着"随缘乐一人单弦八角鼓"。自此单弦作为一个独立曲种流传开来，并在2006年被列入第一批国家级非物质文化遗产名录。

早期的单弦曲目主要是反映社会风貌的，例如《穷大奶奶逛万寿寺》、《青草茶馆》等，这些曲目大多采用亦庄亦谐的形式，用一种百姓喜闻乐见的方式描述出来。后来的单弦曲目大多都是根据古典小说改编的，比如《续黄粱》、《胭脂》、《杜十娘》、《翠屏山》等。五四运动后曾创作《秋瑾就义》等新书目。

中华人民共和国成立后，单弦不断推陈出新。形式上从联曲体的中篇说唱，演变成联曲体的短篇说唱，演出也由自弹自唱或一人站唱敲击八角鼓、另一人操三弦伴奏，发展、产生了单弦对唱、牌子曲群唱、单弦联唱等形式。编演了《反浪费》、《地下苍松》等反映现实生活的作品。

最初的单弦曲目一般为四到六段,每段演唱约半个钟头。清末民初,许多单弦票友下海卖艺,出现了不少著名唱家,很受群众欢迎。他们当中有善唱时调小曲者,有善唱昆高曲牌者,这些曲调多被纳入单弦唱腔曲牌中,使单弦唱腔曲牌增多,表现力增强。这一时期,是单弦艺术发展的全盛时期。众多的名家形成了各具特色的演唱风格。最享盛名的有荣、常、谢、谭四大流派。

　　单弦唱腔为曲牌联套体。常用曲调有《太平年》、《云苏调》、《怯快书》、《南城调》等。这些单弦曲目大多是从别的曲艺中借鉴过来的,大致可以分成四类,主要是地方戏曲类型、地方曲种类型、南北曲类型和民歌类型。单弦曲牌的文体有长短句、上下句两种,以长短句为主,并常用三字头、垛句、嵌字、衬字等。

　　单弦作为一种曲艺,简单易学,需要的道具很少,而且人们可以在单弦的表演中,舒缓压力或者获得表演乐趣。在时间的推移中,单弦这种已经成为了京城老百姓最喜闻乐见的曲艺形式,同时也是中国传统文化不可缺少的一部分。

河北省

河北梆子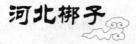

【非物质文化遗产百科名片】	遗产项目	河北梆子
	所属地区	河北
	艺术特点	主要板式有慢板、二六板、流水板、尖板、哭板以及各种引板和收板等,高亢、激越、慷慨,使听者有痛快淋漓之感。
	传承意义	作为地方戏曲之一,河北梆子是河北省最具代表性的地方声腔剧种,传承河北梆子,有利于发展我国的社会主义文化,有利于提高人们的生活质量和文化修养。

　　河北梆子是河北省最具代表性的地方声腔剧种之一。在流传的过程中因为地域的不同,所以河北梆子也有京梆子、直隶梆子、卫梆子等众多称呼,主要在河北、北京、天津等地广为流传,具有坚实的群众基础,是颇受广大人民喜爱的全国性的大剧种。

　　河北梆子起源于秦腔和山陕梆子,在传播到河北等地区后受到当地的民歌、曲调及舞蹈的影响,慢慢地演变为具有河北地区鲜明特色的河北梆子。后来受高腔、京剧的影响,保留了高腔和京剧的部分特征,如以梆子按节拍,音调高亢,表演细腻等。

在民间流传和发展的过程中，河北梆子的剧目也变得种类丰富，内容翔实。其剧目大多数取材于殷周、两汉、三国、隋唐等时期的历史故事。其中以《宝莲灯》、《辕门斩子》、《金水桥》、《杜十娘》、《蝴蝶杯》、《春秋配》、《教子》、《断桥》、《三上轿》、《喜荣归》、《芦花记》、《荀灌娘》、《南北合》、《作文》等剧目在百姓中影响较大。后来根据国外故事改编的《茶花女》、《复活》等剧目也引起了轰动。

河北梆子的唱腔属板腔体。声音高昂，善于表达壮怀激烈的心情。其主要板式有慢板、二六板、流水板、尖板、哭板以及各种引板和收板等，主要伴奏乐器有板胡、笛、梆子、笙等，演唱时以梆子击节，音调于高亢激越之中，高昂激进的旋律，使听者具有痛快淋漓的感受。伴奏乐器文场乐器包括板胡、笛子为主，其他乐器如三弦、唢呐、笙等，武场乐器包括鼓、板、大小锣等。

唱腔分有生、旦、丑三行。各行当皆有特定的唱腔风格，生腔苍劲悲壮，属于生行的小生、武生基本都用老生唱腔。旦腔激越高昂，属于旦行的花旦、刀马旦、彩旦、老旦等则用青衣唱腔，丑腔风趣跃动，但没有大慢板。

河北梆子的表演行当自剧种诞生以来就比较齐全。在后来的发展中，河北梆子分为生、旦、净、丑四行。生行分胡子生、小生、武生。旦行分青衣、花旦、武旦、老旦、彩旦五类。净行分大花脸、二花脸、武花脸、零碎花脸四类。丑，又名三花脸、小花脸，分文丑、武丑两大类。其中丑行的表演最具特色，具有诙谐幽默滑稽的特点。

20世纪30年代后，河北梆子急剧衰落，首先在北平、上海等地方，而后在农村地区

也很少见到,河北梆子面临着严峻的生存危机。新中国成立后,在党和政府的帮助和支持下,河北梆子才重新焕发生机。然而,80年代后期,在各种现代艺术形式的不断冲击下,河北梆子的生存再度出现危机,演出市场萎缩,人才流失严重,急需加以保护和抢救。

在历史的河流中,河北梆子以其独特的艺术形式,对当时的京剧产生了很大的影响,是我国文化最重要的组成部分。国家非常重视非物质文化遗产的保护,2006年5月20日,河北梆子经国务院批准列入第一批国家级非物质文化遗产名录。如今在河北地区比较偏僻的地方仍可以看到河北梆子的影子。

皮影戏

【非物质文化遗产百科名片】	遗产项目	皮影戏
	所属地区	河北省唐山市
	艺术特点	灯光照射下用兽皮刻制的人物隔亮布演戏,是一种演员操作控制的傀儡戏。
	传承意义	是一种传统的民间艺术,具有很高的历史价值、教育价值和艺术价值,对丰富世界乐坛作出了突出贡献,传承皮影,不仅可以使人们从中得到美的享受,还可以提高艺术修养和文化修养,推动我国社会主义文化事业的发展。

皮影戏,旧称"子戏""影戏"是一种用灯光照射兽皮或纸板做成的人物剪影以表演故事的民间戏剧。皮影戏是民间的傀儡戏之一。

两千多年前，正是汉王朝时期。汉武帝爱妃李夫人染疾故去了，武帝痛心不已，终日不理朝政，朝野上下笼罩在一片不安的氛围中。大臣们找到很多方法试着让武帝开心，但都以失败而终。大臣李少翁一日出门，在路上看见孩童手拿布娃娃玩耍，影子倒映于地栩栩如生。李少翁脑中灵光一闪，用兽皮裁成李夫人影像，涂上色彩，并装上控制线。是夜置之灯旁，点火烛，恭请皇帝端坐帐中观看。李夫人的影像栩栩如生，武帝看罢龙颜大悦，就此爱不释手。

　　这是《汉书》中记载的故事，也是皮影戏最早的渊源。皮影戏距今已有两千多年的历史，是世界上最早由人配音的活动影画艺术，所以有人认为皮影戏是现代电影的始祖也就不足为怪了。

　　皮影戏的流行范围很广，几乎全国各地都可以发现它的影子，并在流传的过程中，和当地的文化习俗融合，渐渐演变成不同种类的皮影戏。如河北的唐山皮影戏、冀南皮影戏，陕西的华县皮影戏、华阴老腔皮影戏、阿宫腔皮影戏、弦板腔皮影戏，山西的孝义碗碗腔皮影戏，辽宁的复州皮影戏、凌源皮影戏，浙江的海宁皮影戏，湖北的江汉平原皮影戏，广东的陆丰皮影戏，甘肃的环县道情皮影戏等。这种拙朴的艺术形式很受人们的欢迎。

　　皮影戏的种类虽然丰富多样，但区别主要在声腔和剧目方面，至于影人制作和表演技术则大同小异。其制作过程是：首先，将皮子泡制、刮薄、磨平，然后，艺人们将各种人物的图谱描绘在上面，用各种型号的刀具刻凿后，再涂抹上颜色，尽量使雕刻栩栩如生。人物造型与戏剧人物一样，生、旦、净、丑角色齐全。熟练的艺人

可以一个人演出很多种戏剧来，而且装备少，一个皮箱就能够全部置下。所以皮影戏也被人们称为"一担挑"艺术，或者是文化生活的轻骑兵。

皮影戏的剧本也就是"影卷"，大多是根据民间传说神话故事、小说改编、借鉴其他艺术中的剧本所创作的，比如根据《西游记》改编的《大闹天宫》，根据民间传说改编的《杜十娘怒沉百宝箱》，或者《二度梅》《青云剑》等。皮影传统剧本中，人物出场有上场"诗"，人物下场有下场"对"。其格律常用"七字句"、"十字锦"、"三赶七"、"五字赋"、"硬散"、"大金边"、"小金边"等。这些唱词结构都是以对偶的上下句为其结构的基本单位，每段唱词一般都是由若干对声韵相同的上下句组成。

皮影戏是我国重要的民间传统艺术，作为一种传统的以娱乐为目的而且百姓喜闻乐见的表演形式。随着时代的发展和娱乐生活多样化，皮影戏的魅力光芒渐渐暗淡，观众和演出市场日益减少，许多皮影戏面临消亡的危险，亟待抢救与保护。

为了挽救这种古老的民间传统艺术，党和国家积极地促进皮影戏的改革和创新，皮影的制作工艺正在从曾经的娱乐为主，欣赏为辅向现如今以欣赏为主，娱乐为辅过渡。未来的皮影戏将会更好地展示其独特的魅力。2011年，冀南皮影申请世界非物质文化遗产成功。在社会各界人士的帮助下，皮影戏获得了很好的发展前途。

石家庄丝弦

【非物质文化遗产百科名片】	遗产项目	石家庄丝弦
	所属地区	河北
	艺术特点	锣钹咚锵,板胡吱溜,有伴奏的丝弦,红红绿绿地晃荡一些生旦净丑,唱腔独特,以真声唱字,旋律向上大跳翻高,再用假声拖腔,旋律顺级下行。
	传承意义	石家庄丝弦是全国稀有的一个地方戏曲声腔剧种,传承丝弦艺术有利于丰富我国的传统剧种,使得剧种在国家呈现百花开放的局面,对我国正在进行的社会主义文化建设事业具有推动作用。

石家庄丝弦又名弦腔、河西调、弦索腔、女儿腔、小鼓腔、罗罗腔等,是河北省特有的古老剧种之一。流行于燕赵地区,具有燕赵地区浓郁的地方色彩和乡土气息,因而深得百姓的喜爱。

早期的丝弦戏是在元人小令、明清俗曲的基础上演变而成的。石家庄地区的丝弦主要伴奏乐器由弦索、三弦等弹拨乐器改为板胡、曲笛、笙。在发展的过程中,丝弦与梆子、京剧等曲艺曾多次登台演出,在其他剧种的影响下,丝弦也开始逐渐演变,慢慢地出现了戴面具演唱丝弦,丰富了丝弦的演出形式,丝弦的音乐、表演及舞台美术都得到了很大的提高。

丝弦的剧目有五百多出,大都是传统的剧目,比如《宗泽与岳飞》、《杨家将》、《生死牌》、《空印盒》、《赶女婿》、《金铃计》、《白罗衫》、《花烛恨》、《小二姐做梦》等剧目。还有一些剧目是从昆曲、京剧、河北梆子、老调、西调、晋剧等剧种移植来的。

作为地方传统的剧种，石家庄丝弦的表演大多充满了泥土气息，也受到燕赵地区人们热烈、火炽、粗犷豪放的性格的影响。行当分生、旦、净、丑诸行。生、旦崇尚技巧，表演细致；花脸动作夸张，粗犷豪

放；丑角幽默诙谐，丝弦的表演追求热烈、火暴，大多采用夸张的手法，刻画人物细腻传神，带有浓厚的泥土气息，其中以花脸的表演更具特色，耐人寻味。

丝弦的音乐属弦索声腔，分官调、越调两大部分。全部音乐分弦索腔曲牌、板式变化系统、无过门曲牌、器乐曲、打击乐五部分。官调曲牌多为长短句，以《耍孩儿》为代表；越调曲牌多为对偶句，以《三道腔》、《罗罗》为代表。丝弦乐队分文、武场，文场乐器包括弦索、月琴、大三弦、小三弦"四架弦"，武场乐器包括板鼓、大筛锣、大铙、哑钹等。现存的官调曲牌只有《黄莺儿》、《跌落金钱》、《桂枝香》、《锁南枝》、《驻马听》、《清水令》、《二八调》、《咕咕丁》、《四股绳》、《新水令》等10种；越调曲牌有《黑莺儿》、《歌南子》、《大红锦袍》、《小红锦袍》、《打枣干》、《脱布衫》、《雁儿落》、《浪淘沙》、《大幡招》、《山坡羊》、《青阳》、《罗江怨》、《三倒腔》、《傍妆台》等14种。

吸收了明清俗曲的歌唱技巧，石家庄丝弦形成了自有的独特的歌唱方法，丝弦的唱腔独特，以真声唱字，旋律向上大跳翻高，再用假声拖腔，旋律顺级下行，激越高昂，痛快淋漓。

作为燕赵文化的杰出代表，石家庄丝弦具有很强的创造性，在河北地方剧种中影响深远并占有较高地位，石家庄地区向来有"高丝乱不分家"和

"昆二高三丝弦"的说法。

随着社会经济的发展,人们娱乐的方式多种多样,而且在发展中人们的审美和价值观都发生了很大的变化,作为一种古老的剧种,石家庄丝弦的魅力光环逐渐变得黯淡,戏曲的生存空间日渐狭窄。

在市场萎缩的情况下,目前石家庄所属的一些丝弦剧团都慢慢地停止演出,仅剩石家庄市丝弦剧团还在维持演出。目前丝弦的表演正面临着剧本老化,经费紧张的问题,从而导致观众锐减。与此同时,愿意学丝弦的人越来越少,不少丝弦表演者都找不到学徒,丝弦面临着后继无人的险境。目前,只有在一些贫困的小山区或者偏僻的地方才可以看到真正的丝弦表演了。

#

【非物质文化遗产百科名片】	遗产项目	评剧
	所属地区	河北省唐山市
	艺术特点	以唱功见长,吐字清楚,唱词浅显易懂,演唱明白如诉,表演生活气息浓厚,有亲切的民间味道。
	传承意义	评剧是东北、华北地区的主要剧种,为弘扬民族文化,促进艺术交流,推动评剧艺术的发展作出了贡献。传承评剧对丰富我国的民族文化有着极其重要的作用,能够促进社会主义文化事业的发展。

评剧原名蹦蹦戏、落子戏,又名平腔梆子戏,简称平戏,是我国五大戏曲剧种之一,同时也是仅次于京剧的全国第二大戏曲剧种。评剧在华北、东

北及其他一些地区流行很广,有着广泛坚
实的群众基础。

　　早在 19 世纪末,在河北唐山一带就
有贫苦农民以唱莲花落为谋生手段,这种
新型的说唱艺术得到人们的喜爱,渐渐地
出现了专业的莲花落艺人,后来演变成评
剧。在发展的过程中,评剧受到二人转的
音乐和剧目的影响,在流传中又吸收京
剧、皮影、大鼓等的音乐和表现形式,并采
用河北梆子的演奏方式,形成评剧的基本
样式,这种新兴的艺术形式在发展中渐渐
与其他曲艺中的优势相结合并取得了创新和突破。

　　成兆才是评剧的创始人,也是评剧的第一位剧作家。辛亥革命后,他受
到新思想的影响,在艺术上颇有革新精神,创作了很多经典的评剧剧目。成
兆才早期剧目有《马寡妇开店》、《老妈开嗙》、《花为媒》、《卖油郎独占花魁》
等,这些最早的剧目也成了评剧的奠基戏。成兆才对时代的变革相当敏感,
他吸收文明戏的表现手法,编演了一批很受群众欢迎的反映现实生活的时
装戏,如《黑猫告状》、《安重根刺伊藤博文》、《杨三姐告状》等,其中《杨三姐
告状》更是成为评剧的代表剧目之一。

　　评剧有两大支派,分别为东路评剧和西路评剧。东路评剧的发展经历
了对莲花落、"拆出"、唐山落子、奉天落子和评剧五个阶段。西路评剧是由
西路莲落花演变而来,吸收了河北梆子、老调、哈哈腔等地方剧种的剧目、
音乐和舞蹈,在粗具小戏形式后,又采用装饰音和衬字,并最终形成了自己
的独特唱法。

　　早期评剧只有男、女角色之分,在发展过程中逐渐有了生、旦、丑三个

行当,后来又受京剧和梆子的影响,形成青衣、花旦、老旦、小生、老生、小丑等行当。虽然慢慢地演变为大剧种,但评剧仍保留了民间浓厚的乡土气息和生活气息的特点。

评剧的唱腔为板腔体结构,由一板三眼、一板一眼、有板无眼、无板无眼等4种节拍形式组成。常用的板式有慢板、反调慢板、二六板、垛板、流水板、散板、尖板等。伴奏乐器分文场和武场。武场有板鼓、梆子、锣、镲等,文场有板胡、二胡、中胡、低胡、琵琶、笛、笙等,西路评剧的乐队配制为大弦、横笛、鼓、镲、手锣、梆子等。

作为东北和华北地区的主要剧种,评剧在发展的过程中,逐渐成了一个不仅蕴涵深厚的民族文化传统,又能体现出文化传承与发展创新的意识的大剧种。因此,评剧也渐渐成为了传统戏剧中较高水平的代表,其丰富的文化韵味值得人们去仔细研究。

然而在时代的发展中,评剧逐渐没落,观众锐减,现在仍然喜欢评剧的大都是一些上年纪的人。作为东北和华北地区的主要剧种,评剧所面临的危机值得人们采取挽救措施。新中国成立后,党和政府关注和重视非物质文化的发展,在党和政府的帮助下,评剧开始重新焕发生机。

武安平调落子

	遗产项目	武安平调落子
【非物质文化遗产百科名片】	所属地区	河北省武安市
	艺术特点	舞台道具较为简单,边唱边做、且歌且舞,既叙事又抒情,活泼自如。道白使用武安方言,庄谐兼重,常有连珠妙语,具有强烈的乡土气息。
	传承意义	武安平调落子是武安独有的剧种,影响深远。武安平调落子伴奏的乐器中的主要乐器"二弦"和"轧琴"在全国各剧种中是绝无仅有的,关于这两种乐器的起源和发展,具有很高的学术研究价值。

　　武安平调落子是武安平调和武安落子的总称,武安平调和武安落子是武安特有的曲艺,在历史中这两种曲艺形式经常在一起演出,因此人们习惯上才会将其合称为武安平调落子。武安平调落子在河北省北部和南部,山西的东南部广为流行,具有很深厚的群众基础。因此,2006 年 5 月 20 日,武安平调落子经国务院批准列入第一批国家级非物质文化遗产名录。

　　武安平调大约出现在清朝中期,是由武安本地民间音乐和河南怀调相结合演变而成的。武安平调被武安人们称为"大戏",所以在武安地区,现在还有"平越怀调不分家"的说法。平调的主要板式有慢板、二八板、流水板、散板、栽板、垛板等,早期的伴奏乐器主要是二弦、轧琴,后改用板胡、二胡等。平调角色行当齐全,具有"四生四旦四花脸"的说法,有红生、小生、老生、配生、青衣、小旦、彩旦、老旦、大脸、二脸、三花脸、杂花脸等行当,表演多以生戏为主。

武安平调的表演者大多为本地人，表演中的念白也是以武安话为基础，这种表演带着浓厚的乡土气息，纯正朴实。武安平调属于梆子腔系，音调高亢激越，粗犷豪放，使听者拥有痛快淋漓的感受。

武安平调的剧目大多为历史故事，目前大多有200多个传统剧目，影响较为深远的有《三进帐》、《姚刚征南》、《董家岭》、《天仙配》、《两狼山》、《血泪仇》、《三上轿》、《桃花庵》、《朱彦荣吊孝》、《铡赵王》、《司马懿观山》、《下陈州》、《敬德背鞭》、《扫洪州》、《奇男传》、《反冀州》、《审马荣》、《访姬昌》等。

武安落子原名莲花落，清末由高舞曲"花唱"演变而来。最初称其为"硬歌"，即不用乐器伴奏的清唱。武安落子曲调优美，旋律悠扬，说唱方式与当地方言相结合，乡土气息浓厚。武安落子的唱腔属板式变化体，落子的主要板式和腔调有慢板、散板、高腔、娃子、悲腔、迷子等。早期的乐器为板胡、板鼓、大锣，后增加二胡、三弦、笛、笙等乐器。武安落子角色一般有生旦之分，分工不甚明确，表演不以武功和戏曲见长，而是将秧歌、高跷等民间舞蹈和

生活动作融于戏中，静中有动，动中有静，舞蹈和艺术相结合，使其具有轻松自如，活泼幽默的特点。

武安落子传统剧目有一百多出，大多是民间小戏，代表性剧目有《借笛笛》、《吕蒙正赶斋》、《老少换妻》、《小过年》、《借当》、《蓝桥会》、《何文秀》、《王小赶脚》、《闹驴》、《跪花厅》、《闹书房》、《机房训子》、《大上吊》、《顶灯》、《安安送米》等。

武安平调和武安落子经常在一起演出，人们在习惯上也就将其称为"平调落子"，这种创新型的演出形式很快得到人民群众的欢迎，在河北和山西地区具有深远的影响。但近年来，随着经济发展和人们娱乐方式的多样化，导致人们的审美观开始转变，武安平调落子面临着人员流失过多，经费不够，传统的演唱技艺濒临失传，专业剧团人才断层和许多珍贵影料没有保存等危机，平调落子渐渐地淡出了人们的视线。

武安平调落子影响深远，宁海平调、通化落子、上党落子、内黄落子都是受其影响而形成的。平调落子中的主要乐器二弦、轧琴在全国各剧种中都是绝无仅有的，具有很高的学术研究价值。

木偶戏

【非物质文化遗产百科名片】	遗产项目	木偶戏
	所属地区	河北省沧州市
	艺术特点	表演的时候在幕后一边操纵木偶，一边演唱，并配以音乐。
	传承意义	人员少、花费廉、小型简便，既热闹又实惠，娱神又娱人，深受群众欢迎。木偶戏的研究价值也很高，在发展社会主义文化的今天，传承木偶戏，也有利于我国文化百花齐放局面的形成。

木偶戏，在中国古代又称傀儡戏，是由演员在幕后利用特制的钢线操纵木制玩偶进行表演的戏剧形式，因此，木偶戏可以说是中国艺苑中一枝独秀的奇葩。木偶戏具有人员少、花费少、简单，又具有很高的娱乐性的特

点，自从在民间出现之后，就很受中国老百姓的喜欢和追捧。

木偶戏的起源，据有关人士研究，大约是"源于汉，兴于唐"。三国时期就已经有偶人可以进行杂技表演，至迟在北齐时代，中国已正式形成了由人直接操纵、木偶装扮具体人物、当众表演简单故事的木偶戏，直到隋代，才开始用木偶进行长篇故事的表演。隋唐之后，木偶戏受多种曲艺的影响，表演形式和表演内容渐渐变得丰富起来。经过唐、宋、元代的发展和演变，到明清时期，木偶戏已经遍及各地，支派繁多。

木偶戏根据木偶的结构和演员操纵方式等方面的差异主要分为提线木偶和托棍木偶两类。提线木偶又称线偶或线戏，也叫悬丝木偶。在木偶的重要关节部位如头、背、腹、手臂、手掌、脚趾等，各缀丝线，演员拉动丝线来操纵木偶的动作进行表演。托棍木偶又被称为杖头木偶，在木偶头部及双手部位各装操纵杆，头部为主杆，双手为侧杆，演员操纵时左手持主杆，右手持侧杆，举起木偶操纵其动作。除提线木偶和托棍木偶之外，其他还有手套木偶、水傀儡、药发傀儡等木偶。

木偶戏中真正的"演员"是木偶。在木偶发展的过程中，因地域和时代的不同，其造型也随之变化。民国以后，木偶的造型更是从民间走向专业化、现代化，雕绘工艺达到了相当的高度。木偶造型艺术的发展历程可以分为三雕七画、雕绘结合、可塑性与随意性三个阶段。后来的木偶造型更是摆脱了戏曲化的传统，根据各自不同的艺术要求，构成了丰富多彩的艺术造

型世界，木偶造型艺术也因此而迎来了前所未有的繁荣时代。

木偶舞台的局限性在于它不像戏剧等舞台多姿多彩，变换绝伦。木偶戏"以

物像人"的表演特性决定了木偶舞台的功能：遮蔽操纵者，分隔观、演区，以便突出木偶吸引观众。比如，提线木偶戏的舞台多数是露天舞台，在背部用帷幕把操作者遮掩起来，演员拉扯着丝弦幕后操纵木偶表演，观众可以在不同方位进行观看。近几十年来，木偶的舞台剧场更是采用声、光、电一体化的方式营造氛围，以便突出舞台的全方位效果，也因此形成了框式结构的多功能木偶戏舞台。

如今这个时代拥有很高的文化多样性，青少年的娱乐取向也已在不知不觉间发生了重大的改变。因此，木偶戏已经不再是孩子们的最爱，这导致木偶戏艺人们大部分变得半农半艺，使得这一传统的戏曲已经到了濒临消亡的地步，亟须保护。

因为木偶具有的研究价值和面临的困境，因此，2006年，木偶戏入选第一批国家级非物质文化遗产名录，希望木偶戏能够借此契机扭转颓势，并将这种中华民族的传统戏剧文化发扬光大。

保定老调

	遗产项目	保定老调
	所属地区	河北省保定市
	艺术特点	保定老调有着强烈的地方色彩和浓郁的乡土气息。它的唱腔质朴而又健朗,高亢而又清婉。
	传承意义	对于研究我国的曲艺发展史、研究地方戏的起源、形成与发展,研究当地的民族发展史、文化艺术发展史乃至风物人情都具有相当重大的意义。

　　保定老调又称"老调梆子",是河北省具有悠久历史的地方剧种之一,除保定外,在沧州、衡水、石家庄、邯郸、张家口以及北京、天津和山西部分地区都有保定老调的影子。可见保定老调影响之深远,群众基础之雄厚。

　　保定老调最初起源于白洋淀周边农村花会中的燕赵俗曲"河西调",迄今已有两三百年的历史,在发展过程中曾受当地高腔和说唱艺术的影响,在清朝道光、咸丰年间正式形成。早期老调行当以生、净为主,而生、净两行又是分行不分腔,同唱老生调,这也是"老调"这个名字的由来。1949年以后,保定成立了专业的老调剧团,并与时俱进创作了很多新的剧本,成为河北一带最受欢迎的戏曲剧种之一。

　　唱腔是保定老调音乐的主体,是表达人物和艺术的最好方式,也是区别于其他剧种的主要标志。保定老调唱腔高昂朴实,就像安塞腰鼓般声音雄浑宽厚、粗犷高亢,让人油然而生出壮怀激烈之感,具有北方民族的传统特质。经过进一步演绎和发展的保定老调的唱腔结构形式为板腔体,基本曲调是由结构相似、结音相同的上下句组成，并且拥有了男女分腔，老生、小生、武生、花脸、文武丑、老旦所唱的属于男腔，青衣、花旦所唱的属于女腔。与此同时，保定老调角色齐全，有老生、老外、小生、武生、青衣、花旦、刀马旦、老旦、彩旦、花脸、丑等，其表演淳朴自然，亲切，举手投足间皆有浓厚的乡土气息。

保定老调的曲牌多来自于京剧、河北梆子、昆曲等大戏种，可以分为喜乐类、哀乐类、宴乐类、军乐类等。保定老调分为文场和武场，文场伴奏乐器以板胡为主，武场伴奏以鼓、板、大小锣为主。

保定老调剧作内容大多是描写帝王将相、草莽英雄的传奇故事，剧作的来源主要通过改编当地流行的木板大鼓的曲目，或者是移植高腔的一些剧目。后来保定老调又移植了不少河北梆子和石家庄丝弦的剧种曲目。保定老调传统剧目有《调寇》、《下河东》、《临潼山》、《太平城》等。后来也创作了很多新的经典的剧目，比如《潘杨讼》、《忠烈千秋》、《日月经天》、《拒马令》、《盘夫索夫》、《金鳞记》、《朝阳沟》、《反徐州》、《姐妹花魂》、《寇准招亲》、《花烛恨》、《包公陪情》、《三凤求凰》、《红衣仙子》、《王佐断臂》，等等。

在党和政府的领导下，保定老调得到了极大的发展，尤其是保定市老调剧团更是得到了很好的发展，曾经多次进京演出，并力争走出国门，走向世界。

作为具有独特艺术风格的地方剧种，保定老调仍然具有浓厚的生命力。正是因为如此，在 2007 年，保定老调正式被选入中国非物质文化遗产名录，这也证明了国家和人民对这一戏剧形式的认可和喜爱。

软秧歌

	遗产项目	软秧歌
【非物质文化遗产百科名片】	所属地区	河北省张家口市
	艺术特点	唱腔舒缓,特点较"软",腔词多由民歌歌词组成,语句精练生动,爽快流利,富有农民感情。
	传承意义	软秧歌作为怀安县当地独有的一种民间戏曲形式,对怀安当地的精神文明建设,丰富人民群众的文化生活,促进人民群众素质的全面发展,起着积极重要的推动作用。

在河北省张家口怀安县等地方流行着一种唱腔舒缓、行动舒缓的曲艺剧种,和秧歌的载歌载舞不同,这种曲艺的特点是较"软"。这种曲艺原本是用来敬神祭祀的,但因为它"软",人们认为不能用来酬神,但因其和秧歌具有很多相似之处,所以怀安县的艺人就在它面前加了个"软"字,称为软秧歌,以用来区别秧歌。在多年的发展中,软秧歌在河北地区具有良好的声誉和雄厚的群众基础。

软秧歌兴起于光绪年间,在发展的过程中,其曲艺中增加了翼、蒙、晋三省的地方戏剧的优势部分,并把它融合在软秧歌里。

作为怀安县特有的曲艺,软秧歌的歌词也有其局限性,歌词大约都是民歌歌词组成的,语句精练生动,用词简短,富有浓郁的乡土气息,原先的唱腔的下句结尾都有"哎嗨"二字,这种能够代表农民感情的词句,在发展中,也慢慢消失了。软秧歌的唱腔有 10 种分别为扭子腔、紧扭子腔、坟腔、咳咳腔、苦腔(又名四眼大腔)、过街大腔、哈儿大腔、紧流水、三性腔、山坡谣。

受晋剧的影响,软秧歌在乐器方面的使用基本上和晋剧是相同的,最主要的打击乐器是软铰子,余下的是笛子、大锣、大弦、三弦、二胡、板鼓、大锣、铙钹、手锣等。软秧歌的音乐曲牌都是从晋剧中进化来的,演员演唱时也和晋剧一样存在着缺点,当演员的唱腔开始变化的时候,必须另起鼓点,彼此间不能相互转化。

软秧歌的剧本也大多是从冀、蒙、晋三省的地方曲艺中移植或者改编过来的,据史料记载,软秧歌剧目原有 40 余出,但流传至今的只有 26 出,有《打一棒》、《李三娘推磨》、《四玉带》、《五玉带》、《七人贤》、《猪八戒成亲》、《借冠子》、《锁王束》、《吃盒子》、《破挂》、《吃瓜》、《字差》、《白花过年》等 26 出。戏曲大多带有浓郁的乡土气息,唱腔平淡舒缓,是自娱自乐的很好的方式。

在多年的历史发展中,软秧歌成了怀安县当地的精神象征,软秧歌对促进怀安当地的精神文明建设,丰富当地老百姓的文化生活以及人民群众素质的全面发展等方面起到了很重要的推动作用,人们骨子里已经有了软秧歌的存在。

随着社会主义现代化进程的加快,人们关于节日的观念和传统的民俗的观念逐渐淡化,人们更愿意在电影院里看电影或者居家看电视,软秧歌的生存的土壤和社会环境越来越恶劣,参加软秧歌排练和演出的人大都是当地的一些老人,甚至连观看的人都是些老年人,欣赏软秧歌的年轻人越来越少,老一辈的大量

绝技难以得到传承,随着软秧歌老艺人相继谢世,软秧歌的发展面临着很严重的危机,难以发展创新,软秧歌这门珍贵的戏曲种类濒临断档危险。

软秧歌的内容形式单一,表现形式并没有随着社会的发展而与时俱进,人们娱乐方式的多样化,价值观和审美观的改变,使得软秧歌的表演日益减少,演员们的收入也很少,不得不依靠别的方式来生存,造成了演员人才的流失,软秧歌也面临着空前的危机。所以在2007年,软秧歌经国务院批准入选非物质文化遗产名录。

新中国成立以来,在党和政府的领导下,一些濒临失传的曲艺也渐渐保存了下来,怀安县非常重视对软秧歌的保护、继承与发展,在过年、端午节等节日里政府组织人们排练软秧歌节目,以增强软秧歌的吸引力,软秧歌渐渐成了怀安县的精神文明的象征,并在政府和社会的支持下前进。

哈哈腔

【非物质文化遗产百科名片】	遗产项目	哈哈腔
	所属地区	河北省清苑县、青县
	艺术特点	以细致、逼真、轻松、幽默见长,是一个颇具有喜剧风格的剧种。
	传承意义	哈哈腔一直是清苑影响最大的民间艺术,它不仅是清苑人艺术欣赏的主要对象,而且还渗透到民众的生活之中。丰富多彩的哈哈腔剧目对历史文化知识的普及,传统道德观念的传播,爱国主义、民族精神的倡导,起到了不可替代的作用。

哈哈腔又名柳子调,在艺人中也被称之为合合腔。哈哈腔在流传的过

程中,因为不同地方的语言特色和民间艺术的影响,在与当地的民俗融合中逐渐形成不同的艺术风格和音乐特点,主要流行于河北省的保定、沧州、衡水、廊坊及山东省的惠民、宁津、乐陵一带,甚至其影响波及京城、天津等地区。

哈哈腔大约在明末清初由民间秧歌发展而来,在乾隆时期,在京城和民间广为流传,从民间歌舞演变成民间小调,深受人们的喜爱。清代嘉庆年间北京钞本《杂曲二十九种》所收《西厢记·游寺》和北京"百本张"钞本中均有该曲。在清末民初时,又发展为以弦索小曲"柳子"为唱腔曲调的小戏。人们把这种轻松幽默、以细致见长的小戏称为"哈哈腔",这是一个颇具有喜剧风格的曲艺。

唱腔属于板腔体,流水板是其核心板式,板式主要有头板、二板、三板、快三板、垛板、尖板等10余种板式。哈哈腔的器乐,分为文场和武场。文场的主奏乐器,是笙、板胡和竹笛。武场的乐器一般使用四大件——板鼓、大锣、京钹、小锣。在发展中,哈哈腔形成了"花板花鼓"的演奏技法,这是哈哈腔的鲜明的特点。

在与其他地方剧种借鉴和融合的过程中,哈哈腔的角色行当也逐渐齐全,分生、旦、净、丑4个门类,各个门类都有自己不同的系统的表现方式,尤其是小生、小旦、小丑的表演最具特色。哈哈腔的唱腔,用清苑方言演唱,分为男腔和女腔,调子相同,男方的唱腔较为高亢,女方的唱腔则优雅婉转,但都具有通俗易懂、清新健朗的特点。

演奏乐器组合织体的"三层叠置"以及"拙笙、巧弦、浪荡笛"三大件的伴

奏特点以及吸收民间吹歌艺术的音型化伴奏形成的"小抬杠"托腔手法的创造性运用，也是哈哈腔鲜明的特色之一。

哈哈腔的剧目具有深厚历史内涵和鲜明地域特色，哈哈腔的传统剧目有一百多种。表演以喜剧见长，目前在河北拥有一批很有影响的剧目，比如《王小打鸟》、《三拜花堂》、《影误重圆》、《双灯记》、《李香莲卖画》、《白云仙子》、《金锁记》、《女中魁》、《搬窑》、《卖水》、《杨二舍化缘》、《唐知县审诰命》等，另外还有根据民间生活改编的小戏，比如《小过年》、《拴娃娃》、《摔纺车》等，还有从本地兄弟戏剧中移植过来的曲目，比如《全忠孝》、《乌玉带》等。

哈哈腔扎根在人民群众中，以人民群众喜闻乐见的方式表演，与人们的文化、习俗、教育等方面有着无法割舍的联系。作为清苑传统文化艺术最突出的代表，哈哈腔是迄今为止最能体现清苑文化特质和精神风貌的传统曲艺，在文学、历史学、社会学、艺术学等方面都有非常翔实的资料记载，具有重要的研究价值。

然而目前，哈哈腔的发展面临着很严重的危机。在时代发展中，哈哈腔的演出范围越来越小，演出的次数也逐渐减少，经费不足，专业的表演人才流失，以及很多老一辈的绝技后继无人等，哈哈腔这种传统戏剧已经到了濒临失传的地步。

哈哈腔艺术作为民族优秀文化的组成部分，是贡献给全人类一份宝贵的文化遗产。对哈哈腔艺术的保护，有利于保护我国的传统文化，促成我国社会主义文化建设百花开放的新局面，从而促进经济发展，人们文化生活水平的提高。

邯郸东填池赛戏

【非物质文化遗产百科名片】	遗产项目	邯郸东填池赛戏
	所属地区	河北省邯郸市
	艺术特点	具有仪仗、鼓乐、百戏的迎神祭祀活动，以娱神为主兼以娱人的古老戏剧形式。
	传承意义	邯郸东填池赛戏为研究我国戏曲的历史演变提供了珍贵的实体性资料，能够促进我国戏曲的变革和发展，促进我国社会主义文化建设的发展，提高人们的文化生活水平，从而促进社会经济的发展。

在传统中，赛戏是一种迎神祭祀的古老戏剧形式，娱神娱人，具有很浓的宗教气息。赛的本意是报祭，即具有仪仗、鼓乐、百戏的迎神祭祀活动，迎神的目的是敬天地，祈求风调雨顺，国泰民安。邯郸东填池赛戏就是这样一种传统的戏剧。

邯郸池村建立在填平的水洼之上，由于附近没有河流且地势低洼，往往非旱即涝，村民的生活很苦，就把丰收的希望建立在祭祀活动上，演唱赛戏，祭祀苍天。关于赛戏的源头可以追溯到春秋时期，一开始是由古代的巫术演变而成的，到了汉代，就有了赛戏的初具规模，元代和明代是其发展和成形期，迄今已有六百多年的历史，到了清末民初，则达到了昌盛期。赛戏属于民间乡村赛会活动的性质，赛戏中最主要的主角是君和臣，所以赛戏又称"龙虎班"。

邯郸东填池赛戏唱腔最初是曲牌体，后来又增加了小调和截子鼓等，唱腔类似于说唱,唱中有说,说中有唱,彼此相融合。这种唱腔与道白结合的独特表演方式,使得赛戏与其他曲艺有了鲜明的区别。赛戏的道白,分为韵白和念白两种,韵白的节奏是以四字句为主,而念白则是平仄很讲究的以七字句为主。

伴奏乐器只有鼓和锣,节奏明快、旋律激进,与表演内容相协调。邯郸东填池赛戏角色以须生、红净为主,丑角仅作陪衬,旦角几乎很少出现,或者出现也是男性扮演,没有唱白,只是动作表演。

邯郸东填池赛戏与其他曲艺的区别在于:赛戏是全村参演;演出一般在本村,没有赢利性演出;演员角色固定,而且可以继承;剧目全是军事题材的君臣戏,不演才子佳人,不演家庭和朝廷生活戏;唱词朴实无华;道白具有很浓的古韵味和乡土味;伴奏乐器简单,角色行当也很简单。

随着时代的发展,赛戏也渐渐失去了其独特的吸引光芒,很多村落的赛戏都停止了,目前只剩下邯郸东填池赛戏还在演出,但是目前出现了严峻的人才危机,许多年轻人对赛戏缺乏兴致,不愿意承担赛戏的传承任务,这一古老的剧种也面临着灭亡的危险。

改革开放后,党和政府曾经组织了一批学者和专家对邯郸东填池赛戏进行考察和研究,邯郸东填池赛戏的存在和保存大量的资料,对于研究我国戏剧的历史演变,提供了实体性的资料。深入研究赛戏,不仅能丰富和完善我国的戏剧史,对世界戏剧史也会带来很大的影响。所以邯郸东填池赛戏被人们称为中国戏剧发展史上的"活化石"。

山 西 省

【非物质文化遗产百科名片】	遗产项目	晋剧
	所属地区	山西省朔州市
	艺术特点	旋律流畅明快,委婉低调。曲调优美,具有晋中地区浓郁的乡土气息和自己的独特风格。
	传承意义	晋剧是山西颇有特色的剧种,传承晋剧有利于丰富我国的民族文化,促进社会主义现代化建设,对精神文明和文化建设都有极其重要的推动作用。

晋剧,又名山西梆子,是山西四大梆子剧种之一,因产生于山西中部,所以也被人们称为"中戏",主要在山西中、北部及陕西、内蒙古和河北的部分地区流行,历史悠久,具有良好的民间声誉和雄厚的群众基础。

关于晋剧的起源,应该是在明末清初时期,后逐渐没落,道光年间又再度兴起,山西本地还流传着这样的一句话"道光皇帝登龙廷,山西梆子又时兴"。山西梆子北上流入晋中,与祁太秧歌、晋中民间曲调相结合,不断学习,相互影响,使唱腔及文武场面日趋完善。后来在晋中、晋北以至内蒙古、河北的部分地区发展传播开来。清末民初更是达到前所未有的顶峰,因为这种戏曲是随着晋商传播着,所以人们把这个曲艺称为"晋剧"。

晋剧唱腔丰富，包括乱弹、腔儿、曲子几种。板式多变，表现力强，如乱弹板路就是晋剧的主要唱腔，分为平板、夹板、二性、流水、介板、倒板、滚白七种板式。"腔儿"是指晋剧中的各种花腔，一般依附在各种板式的乱弹板路中不做单独使用。这种腔儿可以分为二指腔、三花腔、四不像、五花腔、十三咳、走马腔、导板腔等多种形式。曲子主要是指晋剧中的昆曲和一些地方小曲。

在晋剧中，伴奏采用文场和武场之分，而且文武场编制为九人，称九手场面。文场伴奏乐器为呼胡、二弦、三弦、四弦等，七种呼胡是中音乐器；武场则采用鼓板、铙钹、小锣、马锣、梆子等乐器。在发展和演变中，晋剧已经形成五大行、十五小行。五大行：红（胡子生）、黑（花脸）、生、旦、丑。十五小行：正红、老生（正红、大黑兼）、大黑、二黑、小生、武生、娃娃生、正旦（青衣）、小旦、老旦、彩旦、武旦、刀马旦、文丑、武丑。保留了蒲州梆子慷慨激昂的艺术特色，同时形成婉转细腻的抒情风格。

目前晋剧经常上演的传统曲目有两百多出，包括《辕门轧子》、《富贵图》、《凤仪亭》、《渭水河》、《六月雪》、《打金枝》、《白蛇传》、《铁弓缘》、《玉棋子》、《临潼山》、《梵王宫》、《双锁山》、《乾坤带》、《烈火旗》、《沙陀国》、《战宛城》、《白水滩》、《塔沟子》、《金水桥》、《火焰驹》、《十三妹》等，可谓是文武皆能，行行不挡。

作为山西省的代表性剧种，晋剧在山西地方戏剧、音乐、教育等方面有着举足轻重的影响。然而随着城市化进程的加快和商品经济的发展，使得晋剧的观

众大幅流失,在年轻人中的影响薄弱,晋剧面临着如何继承与发展的问题。

2006 年,晋剧的四大梆子——蒲州梆子、中路梆子、北路梆子和上党梆子均已列入国家级非物质文化遗产名录。在党和政府的关心和支持下,晋剧很快就恢复了以往的局面,演出也获得很大的成功。

祁太秧歌

【非物质文化遗产百科名片】	遗产项目	祁太秧歌
	所属地区	山西省晋中市
	艺术特点	以农村生活故事、民间习俗、遗闻轶事等为题材,以优美的曲调和表演形式,真实地反映人民生活的民间小戏。
	传承意义	是晋中秧歌之后又一次变革,传承祁太秧歌有利于丰富我国目前的秧歌种类,完善民族文化和戏曲,更好地为我国社会主义现代化建设作贡献。

祁太秧歌是依靠晋中盆地,以太古、祁县为轴心向四周地区辐射的乡土小戏,是一种民众自编自导的小戏,一般是根据民间故事、遗闻轶事为题材改编的小曲、歌舞、戏曲等形式,曲调优美,旋律平和,深受当地民众的喜欢。

关于祁太秧歌的起源可以追溯到明代正统到崇祯年间,当时俗曲已经广泛传播,在都市和乡村间到处可以听到这种旋律优美的曲子,这些曲子大都是反映民间生活的,据《顾曲杂言》资料上记载:嘉靖、隆庆年间,"乃兴《闹五更》、《哭皇天》、《粉红莲》……"曲,与祁太秧歌小曲内容相似,名字相同。可见明代民间小曲与晋中小曲同时都在广泛流行。清朝雍正时期安徽"小歌舞"传入晋中后,祁太秧歌才渐渐地初露端倪。

据资料记载,康熙年间,祁县经济繁荣,民间文艺也比较活跃,走村串乡的艺人来往不断,凤阳花鼓艺人来到祁县学唱流行的秧歌,以谋生计。凤阳花鼓艺人每到一处,先打鼓敲锣引来观众,然后开始演唱"凤阳歌"、"满江红"等小曲,接着表演歌舞节目"踏歌"或者唱些北方流行的秧歌曲调,晋中人们从中得到启发,逐渐发展成了踩街秧歌队。这种歌中带舞,歌舞结合的方式,是祁太秧歌发展历程中的重大突破。

民国后,晋剧艺人开始和秧歌艺人相互合作,改编创作过很多优秀的秧歌戏。晋剧和秧歌开始同台搭戏,同台演出,晋剧在表演、舞台、化妆、服装等方面,对秧歌的影响很深,对提高秧歌艺术,起到了重大的作用。

祁太秧歌的演出剧目,比较有影响力的有:《逼婚记》、《西厢记》、《王老虎抢亲》、《当板箱》、《卖高底》、《卖豆腐》、《绣花灯》、《新打花鼓》、《缉草帽》、《做小衫衫》、《十家排》、《送樱桃》等。

抗战期间,这种秧歌被称为"晋中秧歌",直到新中国成立后才改称为"祁太秧歌"。改革开放以来,农村的经济水平得到提高,农村的生活越来越好,人们在物质生活提高的同时也渴望追求精神文化生活。祁太秧歌得到了进一步的发展。

但如今,城市化进程加快和人们娱乐形式的多样化,祁太秧歌渐渐失去了往日的光环,祁太秧歌正在面临着专业演员急剧锐减,观众也日渐减少,演出的次数更是屈指可数,经费不足,

剧目老化等危机。

因此,祁太秧歌入选非物质文化遗产名录,并得到党和国家的支持,逐渐走上了复兴之路。在农闲或者节日时期,常常可以看到祁太秧歌的表演。

阳高二人台

【非物质文化遗产百科名片】	遗产项目	阳高二人台
	所属地区	山西省大同市阳高县
	艺术特点	只有旦丑两角色一进一退走场表演,多是一些小调,无法表演形式和内容复杂的曲目。
	传承意义	简单,善于表达情怀,有利于促进我国人民生活水平的提高,促进社会主义文化的发展,以及经济的发展。

大约在明朝末年,在农村渐渐形成了一种风俗,每逢过年过节和农闲的时候,一些喜欢热闹的人便聚在一起,在屋内、院落、村里广场进行地摊演唱。这种演唱一般都是边述边唱的说唱形式,在表演中,既不用装扮也不用表演,唱的都是民间流传的小曲小调,比如《过大年》、《刮大风》等,这种娱乐活动被当地人称为"打坐腔",这就是"二人台"的雏形。

关于二人台的起源,一般认为是在清咸丰年间出现的。是由民歌小调慢慢演变来的。咸丰初年,这种"打坐腔"在发展中渐渐融合了其他曲艺的艺术营养,并吸收了秧歌中关于舞蹈的部分,也出现了旦丑两角色。"打坐腔"慢慢地演变为"二人班"。后来由于连年灾旱,老百姓被迫走西口,伴着无限的凄凉和寂寞，也就是这个时候，人们创作了《走西口》这个剧目，《走西口》剧目的出现也代表着"二人台"成为一个较为完整的艺术形式。

山西人到内蒙古后，受到内蒙古文化和歌曲的影响，二人台也就在这种影响中取长补短，逐渐形成一种独具特色的唱腔。较之内蒙古的粗犷高亢，二人台显得文雅婉转，爽快利落，讲究圆润和共鸣。

二人台的唱腔分为"亮腔"、慢板、流水板和捏子板4种，亮腔的旋律舒缓，音域高亢；慢板则显得旋律松散，音域低稳；流水板则旋律明快，节奏鲜明；而捏子板则旋律激进，音域粗犷火暴。二人台传统的曲调则有 c 调、f 调、b 调和 e 调。二人台的表演道具也很简单，主要有鞭、扇和绢绸。鞭中最有名气的要属霸王鞭，长 100 厘米左右，声音清脆，十分动听，打霸王鞭要求节奏鲜明，慢而多变，快而不乱。扇子一般为女角使用。手绢花样繁多，惹人喜爱。

二人台的曲目不多，目前流传的有《婚姻自主》、《胡老套投亲》、《血泪仇》、《送子参军》、《走西口》、《挂红灯》、《打金钱》、《打樱桃》、《打连城》、《回关南》、《打后套》、《转山头》等。

从形式上来看，二人台有点类似东北的"二人转"，然而两者之间却有着本质的区别。二者在音乐、唱腔、表演艺术、服装配置上等都有很大的区

别，但它们都有自己雄厚的群众基础。"宁舍一顿饭，不舍二人转"，道出东北人对"二人转"的喜爱程度，"宁卖二亩地，也要闹家戏"，表明华北人对"二人台"的喜爱程度。

然而如今,随着经济的发展,人民群众的视野也逐渐变得开阔,生活中娱乐方式的增加,改变了人们以往的审美观,二人台的观众数量急骤锐减,二人台曲目的老化,人才的断层,这些都使得这项古老的曲艺面临着威胁。

在入选非物质文化遗产后,二人台逐渐恢复了以往的元气,在山西省的农村拥有坚实的群众基础。

北路梆子

【非物质文化遗产百科名片】	遗产项目	北路梆子
	所属地区	山西省大同市
	艺术特点	腔调高亢、激越,表演强健有力,音乐节奏直爽慷慨,艺术基础雄厚,生活气息浓郁,语言通俗易懂。
	传承意义	在戏曲发展史和地方文化史的研究中,北路梆子具有很高的研究价值,对丰富我国民族文化和戏曲的发展有着很重要的作用,传承梆子,可以丰富人们的文化生活水平,提高精神修养。

北路梆子,又名"上路戏",是华北地区最早形成和最具影响的剧种,与中路梆子、上党梆子和蒲州梆子并称山西四大梆子。在山西北中部、内蒙古中西部、河北西北部及陕西北部等地区,影响深远,很受人们的喜爱。2006年北路梆子入选国家级非物质文化遗产名录。

北路梆子的发源地在雁门关以北的大同一带,当时就有蒲州梆子艺人来此演出,并与当地的雁北秧歌相融合,慢慢形成了以"奚琴"和梆子为主要伴奏乐器的"山陕梆子",17世纪、18世纪开始向四周扩散传播,慢慢地演变成拥有自己独特的体系,势力庞大的北方梆子系统,后来山陕梆子开始分裂,山陕梆子北路蜕化出一个北路梆子新剧种。至19世纪初叶,北路梆子已趋于成熟。

当时北路梆子分为大北路和小北路。大北路的行腔平稳,深沉;小北路则行腔华丽、委婉,但二者皆高昂激越,男女同调。

受蒲州梆子的影响,北路梆子的表演往往大气磅礴,气势恢弘,强健有力,表现出一种强悍的性格,所以深受豪爽的晋北人们的喜爱。在发展中,北路梆子渐渐形成了红、黑、生、旦、丑五大行,其中胡子生、大花脸、青衣合称"三大门",极重唱工;小生、小旦、小丑合称"三小门",侧重表学业。

音乐部分主要包括唱腔、曲牌和锣鼓经三部分。路梆子的唱腔结构属于板腔体,有慢板、夹板、二性、垛板、流水板、三性板、倒板、滚白、介板、花腔等的基本板式。传统伴奏乐器有文、武场之分,文场乐器有梆胡、二弦、三弦、四弦,通称"四大件",另外还有笙、笛、唢呐等乐器,武场乐器由板鼓、马锣、铙钹、手锣、梆子、战鼓、小音锣等组成,和晋剧基本相同。

在发展中,北路梆子渐渐拥有了很多传统的剧目,影响深远的主要有《哭殿》、《斩黄袍》、《杨八姐游春》、《王宝钏》、《打金枝》、《铡美案》、《蝴蝶杯》、《斩十王》、《算粮》、《金水桥》、《血手印》、《访白袍》、《回龙阁》、《九件衣》等两百多出,这些剧目都具有慷慨激越、稳健粗犷、淋漓酣畅的边塞风格,深受城乡劳动人们的喜欢。

北路梆子具有丰富的研究价值,特别是对戏曲发展史和地方文化史的研究更是提供了很多宝贵的资料,然而在经济飞速发展的今天,河北梆子渐渐无法与时俱进,过去的那种万人争睹的情况已经变成了历史。

现在北路梆子面临着人才断层,演出市场萎缩,经费短缺等问题,这个古老的剧种面临着前所未有的危机,急需人们的抢救和挖掘。为了保护这个古老的剧种,因而 2006 年,北路梆子入选第一批非物质文化遗产名录。

上党梆子

【非物质文化遗产百科名片】	遗产项目	上党梆子
	所属地区	山西省晋城市
	艺术特点	具有粗犷、健康的艺术风格,唱腔、音乐高亢、委婉、活泼,曲牌丰富,都具有淳朴古老的特点。
	传承意义	上党梆子包含有多种声腔,从中可考察戏曲声腔历史流变的现象,从而丰富我国传统戏剧的研究,促进民族地方戏曲的继承和发展创新,从而促进我国的社会主义现代化建设。

上党梆子又名"大戏"、"东府戏"、"上党宫调"等,在山西东南部广为传播,因这一地区在秦汉时期为上党郡,所以被人们称为"上党梆子",是山西省的四大梆子之一,是上党戏的代表剧种。

作为山西古老的剧种,上党梆子起源于山西省晋城市,与其他梆子不同的是,上党梆子实际上是由昆曲、梆子、罗罗腔、卷戏、皮黄五种声腔同台演出的剧种,是一种综合的艺术表演形式。到 18 世纪中叶,上党梆子已经成为一个拥有五种音腔的成熟曲艺。咸丰年间到抗日战争之前是上党梆子的鼎盛时期,后来由于战乱等因素,上党梆子逐渐没落。新中国成立以后,在党和政府的关怀下，上党梆子才迎来了新的历史发展时期。1954年，正式定名为上党梆子。

上党梆子的唱腔以板腔体为主，有时也用曲牌体。其中板式中运用最多和最具特色的是大板和四六，除此之外还有中匹六、垛板、滚腔、散板等板式；曲牌体唱腔有靠山吼、一串铃等。男女同腔、同度、同调，男腔使用假音。伴奏乐器主要是音响强烈的打击乐和委婉的弦乐。打击乐器主要有大锣、大鼓；而弦乐以巨琴、二把和呼胡"三大件"为主要伴奏乐器。

据资料记载，目前知道的上党梆子的传统剧目有七百多出，其中大多

数是梆子戏，剩下的是皮黄戏、昆曲、罗罗腔戏和卷戏，数量很少，有一百多出。上党梆子的音乐主要从民间音乐中吸收过来的。影响较深的代表性剧目有《双包计》、《小二黑结婚》、《王贵与李香香》、《雁门关》、《闯幽州》、《白毛女》、《巧缘案》、《夺秋魁》、《三关排宴》、《天波楼》、《甘泉宫》、《东门会》、《徐公案》、《董家岭》等，这些剧目中有一些是上党梆子独有的剧目。

梆子的角色行当齐全，主要有生、旦、净、丑四种，各行当之间都以"三把"为基本功，其表现手法粗线条、简练明快、直出直入。行当之间最具特色的是须生，其次是青衣，净角和武小生。行当演员演出时昂首挺胸，给人一种稳健有力的感觉。

上党梆子的脸谱用红、白、黑三色勾脸，也用黑白相间的灰色、红白相间的粉红色和红黑相间的紫色。旦角有种叫做"破面"的化妆，即用白粉在剧中扮演反派的演员右眼睑上横划一笔，颇有元杂剧的遗风，也是最具特

色的。脸谱的画法一般采用对比鲜明的手段,线条粗犷。服装讲究大红大绿,五彩上头,后来增加了水袖,使舞台表演变得更加美轮美奂,婀娜多姿。

雁北耍孩儿

【非物质文化遗产百科名片】	遗产项目	雁北耍孩儿
	所属地区	山西省大同市
	艺术特点	基本结构为长短句,八句体,分三段,四七句倒辙。
	传承意义	雁北耍孩儿独特的演唱发音方法,欢快火暴的打击音乐,取材广泛的丰富剧目,别具一格的剧种风格,为专家学者所瞩目,被称之为当今戏曲史上的"活化石"。

　　雁北耍孩儿又名咳咳腔,与其他曲艺不同的是雁北耍孩儿是以曲牌名命名的戏曲声腔剧种,主要在山西大同和其附近流行,其独特的发音方法和火暴的打击音乐与丰富的剧目使其深受当地民众的欢迎。

　　金、元时代盛行的《般涉调·耍孩儿》曲调,在流行中这种曲调受到其他戏曲音乐和民间调子的影响而慢慢地演变为适合当地人风俗的曲调,这也就是最初雁北耍孩儿的起源。在雁北地区一带,最先的演员为当地的农民,农闲时组织演出,咸丰时期曾经出现大量的戏班。新中国成立后,雁北耍孩儿出现了很多名演员,常年流动演出,在百姓中影响很大,正式命名为雁北耍孩儿。

　　作为以曲牌名命名的曲艺,耍孩儿的唱腔属曲牌体,名为平曲子,有平体、主插体、异体三种结构类型,在演唱时,以主曲为支柱,补充倒三板、垛钹子、梅花钹子、串儿、喜钹子、苦钹子等曲调,组成一个浑然天成的一整套唱腔。在演唱中,有时也借鉴梆子中的板腔体音乐方式,加入梆子中说唱技法,使得雁北耍孩儿能在板腔体和曲牌体之间来回转换,灵活自如。

耍孩儿的伴奏音乐和其他梆子曲艺一样有文、武场之分,文场主要以板胡、呼胡、笛子、梆胡为主,武场则是以大小锣、鼓、钹为主要伴奏乐器。耍孩儿有着自己独特的唱法,唱腔发音后使用嗓子,声音从喉部挤出来,先咳后唱,再利用音乐伴奏来配合,用这种比较特殊的音色来取得震撼人心的音响效果。所以民间也有不咳不出、一字三咳的说法,所以耍孩儿又叫咳咳腔。

在历史的发展中,耍孩儿的角色行当逐渐齐全,有红、黑、生、旦、丑五行,特别是丑角的表演诙谐幽默,极具特色,演得妙趣横生,很受观众青睐。平曲子一般为一股八句,和明词相同,基本结构为长短句、八字体。其中一、二、三、五、六、八句分别押韵,四七两句倒辙,就是"三节八句,四七倒辙"的固有特色。表演上又吸收了大量的民间舞蹈,接近百姓的生活,处处洋溢着乡土气息。尤其是男女腔同时登台,更具艺术感染力。

别具一格的耍孩儿剧种,被专家学者誉为中国戏曲史的"活化石",具有很高的研究价值。耍孩儿原有曲目40多出,如今剩余只有30多出,代表性的曲目有《狮子洞》、《花园会》、《金木鱼》、《七人贤》、《三孝牌》、《打佛堂》、《送京娘》、《对联珠》、《二龙山》等。

灵丘罗罗腔

	遗产项目	灵丘罗罗腔
【非物质文化遗产百科名片】	所属地区	山西省大同市灵丘县
	艺术特点	演唱中的每句的句尾常用假嗓"耍腔",而且伴奏乐器唱时不伴,乐器过门在每句的尾音处进入。
	传承意义	为了解戏曲传统、认识戏曲发展变化的规律提供了活生生的材料,对丰富我国的戏曲史有着非常重要的作用。

　　表演中,演员在舞台上演唱,众人在后台帮腔,和之以"啰啰哟哟"之声,所以众人便把这种唱腔称为"罗罗腔"。罗罗腔流行于山西省灵丘县及其附近地区,这种唱腔很容易吸引观众的参与,所以很受当地百姓的青睐。2006年,灵丘罗罗腔入选国家级第一批非物质文化遗产名录。

　　作为灵丘县最为古老的剧种,罗罗腔是由弋阳腔慢慢地演变过来的,清代正是戏曲声腔百家齐放、风起云涌的时候,罗罗腔雏形的形成是在明末清初。乾隆和嘉庆年间,罗罗腔得到了长远的发展。新中国成立后,正式成立了罗罗腔的剧团,并对传统的罗罗腔进行挖掘和整理,在党和政府的关心支持下,这个古老的剧种经过创新重新走上了正轨。

　　"九腔十八调,七十二哈哈"是关于罗罗腔传统唱腔的说法,目前还存留着有甩板、流水、哭腔、平板、数词、垛板、散板、娃子、山坡羊、圪脑儿等十多种。其中最具特色的是数词,很有说唱曲艺的味道。在继承弋阳腔的同时,罗罗腔中的曲牌唱腔和板式唱腔紧密地结合在一起而形成特殊演唱结构,比如用数词、散板和流水组成一套曲子,这种经过创新别具一番韵味的演唱方式很受民众的喜爱。

灵丘罗罗腔属北曲弦索系统,剧目大都是根据百姓生活故事改编的,极富生活气息,台词生动活泼,具有很强的说唱性。乐队不拖腔伴奏,只在句尾部分加入伴奏。在发展中,罗罗腔与很多地方戏曲相结合,创作了很多经典的剧目,比如《黑驴告状》、《描金柜》、《两狼山》、《小二姐做梦》、《飞天闸》、《罗通扫北》、《审土地》、《杨家将》、《锦缎记》、《龙宝寺》等,这些传统的

剧目大都经过时间的考验,在群众中影响很大。

伴奏乐器通常以小板胡、呼胡、笛子、笙、唢呐、三弦为主。打击乐有板鼓、大小锣、中虎锣、战鼓、堂鼓、手板、小镲等,后来加进了琵琶、扬琴、二胡、小提琴等乐器,音乐的表现范围更广,旋律较之前平淡了许多,夹杂了许多柔情的曲调。

作为古老的地方小剧种,罗罗腔本身就具有非常重要的研究价值,更是了解戏曲传统、认识戏曲发展变化的规律的重要依据。然而,随着城市化进程的加快和老百姓生活娱乐方式的多样化,罗罗腔与现在社会之间的矛盾重重,而且由于资金缺乏,演出市场萎缩导致演员流失,人才出现断层,灵丘县的罗罗腔剧团是在这场冲突中硕果仅存的剧团,但发展的形式仍不容乐观,现在已经到了抢救、保护这一珍贵剧种的紧要关头。

第二章
东北地区戏剧

辽宁省

海城喇叭戏

【非物质文化遗产百科名片】	遗产项目	海城喇叭戏
	所属地区	辽宁省鞍山市
	艺术特点	主要伴奏乐器是唢呐，演员装饰简单，动作的节奏性和舞蹈性都很强。
	传承意义	对丰富我国的地方剧种有着极其重要的作用，促成曲艺百花开放的局面，从而丰富人们的文化生活，促进精神文明建设和文化建设的发展。

据说在辽宁海城一带，由于生活条件的限制，早期的民间艺人，在演出的时候衣着简单朴实，在表演中头戴一顶圆毡帽，身着大布衫，系腰带的形象来表演剧目中的人物，表演方式单一，艺人主要以念、唱为主，伴奏的乐器是唢呐，俗名"喇叭"，因此人们把这个新兴的剧种称为"喇叭戏"。

秧歌，是我国人民喜闻乐见、具有代表性的一种民间舞蹈，在明清时代就已经在北方地区广泛流行并传播到海城等地区，与当地的民歌、乐曲、小调和舞蹈相结合，形成颇具风格的海城秧歌，为海城喇叭戏的形成准备了前提条件。清朝初期，海城喇叭戏受到各方戏剧的影响与熏陶，并着手创作自己的剧本。嘉庆、道光年间，海城喇叭戏粗具规模，并在声腔、表演和剧目等方面形成一套体系，成为颇受民众青睐的小戏种。光绪年间，海城喇叭戏和高跷同台演出，它们之间相互结合，相辅相成。海城喇叭戏的故事性丰富了高跷单调的演出内容，而

高跷的娱乐性和群众性也增强了喇叭戏的吸引力，使得喇叭戏在民间广泛流行，经久不衰。2006年，海城喇叭入选非物质文化遗产名录。

在发展中，喇叭戏吸收了弋阳腔、山东柳腔等外来声腔，形成了诸腔杂陈的民间喇叭戏声腔体系。这种声腔声音活泼、欢快明亮，很适合载歌载舞。在高跷的影像中，喇叭戏形成了跷戏结合的表演方式，所以极具有乡村气息。

喇叭戏的剧目大多是反映老百姓的生活，所以在喇叭戏中的角色行当生、旦、丑三行，表演主要以小生、小旦、小丑为主。作为演员，除了要具备最基本的唱、念、做、打技巧，还需要身形灵活，反应敏捷，练就跷功和亮相两种基本功。演员踩着高跷，在动作性极强的音乐中相互配合表演剧曲，这种新型的亮相很快就成为海城喇叭戏的独特之处所在。

在民间发展，在民间生存，海城喇叭戏始终和民间保持着密切的联系，就连剧目的创作也大多是根据民间故事和民间传说改编而成，比较有影响力的剧目有《王婆骂鸡》、《打枣》、《张山赶会》、《王二姐思夫》、《双拐》、《夸庄稼》、《会亲家》、《偷驴》、《夸媳妇》等，其中《梁祝下山》更是被选入了《中国民歌选》，让这个辽宁省的小剧种着实风光了一把。

盖州皮影戏

【非物质文化遗产百科名片】	遗产项目	盖州皮影戏
	所属地区	辽宁省盖州市
	艺术特点	以其浓郁的地方特色,独特的造型工艺及原生态的辽南民间唱腔、音乐、影卷、唱词格式见长。
	传承意义	其独特的造型艺术对研究民间美术等造型艺术的创新具有极其重要的价值,对于丰富我国的曲艺史有着很重要的促进作用,研究辽宁地区的民俗风情提供了非常有价值的资料。

盖州皮影戏,又称辽南皮影。主要在辽南地区,并远播吉林、黑龙江一带广为流行,后来逐渐形成以盖州为中心的新关东影戏盖州皮影戏,皮影戏具有娱乐性和民众性,很受人们的喜欢。

中国所有的戏曲种类都是陕西秦腔在各地与当地民俗、文化、歌曲、小调等相结合而产生的,而陕西秦腔最初起源于皮影戏,皮影戏又名灯影子,至今已有两千多年的历史,所以皮影戏和戏曲之间的关系是非常紧密的。到清末民初时期,盖州皮影戏已经趋于完美,民国到解放初期,盖州皮影戏更是达到了前所未有的高度,与辽南当地的民风民俗、歌曲小调相结合,形成了独具特色的辽南风格。皮影戏几乎是那个年代人的最完美的童年印象。

在工艺上,盖州皮影的用料很讲究,采用当年幼龄毛驴,活杀放血,并且选用较好的一块皮肤,这样刻出的影件通透艳丽,雕刻工艺也十分考究,运用不同的雕刻方法，尽量使影件栩栩如生，变化无穷。

皮影戏的演出一般每个影班由五到九人组成，演出时分为文、武两大部分。文场的乐器主要以四胡为主，武场则以大小锣和鼓为主，皮影戏对演员的技巧要求很高，除了能够熟练地控制影人的动作，还要具有说唱的技巧，配合音乐进行表演，所以培养皮影戏艺人颇为不易。

音乐唱腔主要分为影调、外调、杂牌三种，多采用当地语言，并夹杂着俚语，有着自己独特的风格。盖州皮影戏角色行当齐全，有生、旦、净、髯、丑五种，在音乐和念白的配合中，人物千姿百态，场面缤彩纷呈。

盖州皮影戏自成形以来就与民间俗事息息相关，其剧目也大多是改编民间传说故事或者现实故事，内容贴近百姓生活。在历史中，盖州皮影戏形成了一批具有影响力的古典传统剧目，比如《施公案》、《全家福》、《苏武牧羊》、《杨家将》、《降龙镇》、《锁牧羊》、《五锋会》、《保龙山》等。其中《苏武牧羊》很具有辽南特色，在社会上广为传唱，更是一度成为20世纪的流行歌曲。

随着时代的发展，党和政府十分重视盖州皮影戏的继承与发展，目前在庙会和其他集会中仍可以看到盖州皮影戏的表演。

奉天落子

【非物质文化遗产百科名片】	遗产项目	奉天落子
	所属地区	辽宁省沈阳市
	艺术特点	评剧的一种,具有民族性、地域性、通俗性,其风格粗犷豪放、情感奔放。
	传承意义	奉天落子是我国评剧发展史很重要的一个阶段,传承和发展奉天落子,有利于评剧的发展,完善我国的曲艺史,从而提高人们的生活文化水平,促进社会主义文化建设。

要问,在 20 世纪 20 年代至 40 年代末,中国文艺舞台上最火的是什么?人们肯定会告诉你是风靡东北乃至全国的奉天落子。

奉天落子主要源于"唐山落子"。早在 19 世纪末,在河北唐山一带就有农民在农闲时唱莲花落为谋生手段,成兆才把"对口莲花落子"改为"拆出"小戏,后来又创作了"平腔梆子戏",平腔梆子戏流传到唐山并与当地的民间习俗、歌舞、戏曲、小调等相融合,形成了唐山落子。唐山落子出关后,与东北的民间小调和风俗等相结合,便形成了以沈阳(奉天)为中心,特色鲜明、遍布东北乃至全国的落子,当时奉天经济文化发达,是整个东北的政治、经济和文化中心,所以人们把这种落子称为"奉天落子",又名"大口落子"。

大多数评剧史家把评剧的形成分为两个时期,一个是唐山落子时期,一个是奉天落子时期,评剧的形成路线可以分为对口莲花落、"拆出"、唐山落子、奉天落子和评剧五个阶段。奉天落子是评剧最兴盛的发展阶段，奉天落子主要以大段唱腔取胜，使"板腔体"更加规范、完善。以正调为主，正调唱腔基本形成了基本板式、辅助板式两部分。

　　奉天落子的唱腔为板腔体结构。常用的板式有慢板、反调慢板、二六板、垛板、流水板、散板、尖板等，主要有一板三眼、一板一眼、有板无眼、无板无眼等四种节拍形式。伴奏乐器分文场和武场。武场有板鼓、梆子、锣、镲等，文场有板胡、二胡、中胡、低胡、琵琶、笛、笙等。

　　在发展中，奉天落子始终是以民众为基础，奉天落子的乡土气息很浓郁，很受当地民众的青睐。1929年，著名的落子演员芙蓉花更是第一次打出了奉天落子的旗号进京演出，奉天落子很受欢迎，接连演出三年。后来，爱莲君等人在上海演出了69出戏，轰动整个上海滩。

　　在奉天落子的发展中，也形成了自己独具特色的曲目，比如《马寡妇开店》、《花为媒》、《爱国娇》等，这些剧目都获得巨大的成功，奉天落子很快就风靡全国。

　　然而，随着社会经济的高速发展和娱乐方式的多样化，改变了人们传统的审美观念，奉天落子过去那种万人争看的场面早已一去不返，日渐趋微。奉天落子面临着经费紧张，曲目缺乏，人才流失和演员断层等危机，奉天落子的发展趋势令人担忧。保护奉天落子任重道远。

辽西木偶戏

【非物质文化遗产百科名片】	遗产项目	辽西木偶戏
	所属地区	辽宁锦州市
	艺术特点	是由艺人操作丝弦控制木偶,并且配合音乐和故事情节进行表演的一种傀儡戏。
	传承意义	辽西木偶是东三省稀有剧种,填补了东北木偶史的空白,传承木偶有利于完善东北地方曲艺,促进人们文化生活水平的提高,促进社会主义文化建设和精神文明建设。

走廊自古为兵家必争的战略要地,辽西走廊更是连接中原和西北的通道,自古以来多少治国之能臣、能征惯战之悍将在这里生长战斗,创下惊天动地的业绩。独特的地域,中原汉文化和西域文化相结合,孕育了独具风格的辽西木偶戏。

辽西木偶兴起于汉代,至唐代有了新的发展和提高,能用木偶演出歌舞戏。宋代是我国木偶戏发展的一个重要时期,木偶的制作工艺和操纵技艺进一步成熟。清代以后木偶戏进入全盛时期,不仅流行范围广,而且演出的声腔也日益增多。蔡大田,是辽西木偶设计制作的创始人,由他设计制作的大型神话故事悬丝木偶剧《嫦娥奔月》,制作精良,堪称一绝,在省内外引起极大反响。

由于木偶戏具有"以物像人"的特殊形式,所以木偶的造型也是一项非常重要的事情,辽西木偶造型艺术是雕塑、绘画、结构装置相结合,用物质来塑造人物形象的,着重点在于人物形象本身的刻画。在发展中,辽西木偶也渐渐地从当初简单的木偶形式发展到提线木偶、杖头木偶、布袋木偶、铁枝木偶、杆式木偶、人偶一体、卡通人偶、荧光木偶等不同的种类。

舞台的设置主要是遮掩操作者,以便突出木偶吸引观众。所以,舞台上要设一道帷幕遮挡演员,帷幕上边表演木偶戏,帷幕的大小由木偶的大小决定。常规用的帷幕长 6 米至 8 米,高 1.6 米至 1.7 米。舞台上的布景安装上 1.65 米的高脚,舞台灯光布局设置需面光、侧光、顶光、天幕光等以及其他流动光位。舞台设置边幕、沿幕、天幕、帷幕等,景区设置网景、纱幕、推景、转景、吊景等。舞台设施组成一种轻便灵活,具有框式结构的多功能木偶戏舞台,以适应多种表演形式的木偶戏,增强综合艺术效果。

社会转型,强势经济冲击,文化多样性,青少年的娱乐取向已经开始发生变化,木偶艺人大部分变得半农半艺。现在基本没有演出辽西木偶戏的地方和氛围,有名望的艺人大多谢世,最年轻的艺人也年近花甲,年轻人独树一帜,在演艺上难以达到老艺人的水平,辽西木偶戏处于后继无人的窘境,使得这一传统的戏曲已经到了濒临消亡的地步。

吉林省

黄龙戏

【非物质文化遗产百科名片】	遗产项目	黄龙戏
	所属地区	吉林省长春市农安县
	艺术特点	演员表演字正腔圆,有板有眼,极具表现力。
	传承意义	对补充吉林地区曲艺剧种有着非常重要的意义,具有很高的历史文化价值和研究价值,对于发展我国的传统戏曲文化具有很高的促进作用。有利于促进人们的文化生活水平的提高,从而有利于社会主义现代化的发展。

南宋绍兴四年,金兵攻进南宋小朝廷临安,在城内搜刮数日,掳徽宗、钦宗二帝和后妃、皇子、宗室、贵卿等数千人后北撤,押在当时的金国首府故都东北黄龙府隆安,东京城中公私积蓄为之一空,北宋灭亡,这就是史上著名的"靖康之难"。身处南宋的岳飞极力主张出兵救徽、钦二帝,收复河山,可赵构怕徽、钦二帝回归后自己的位置不保,听信秦桧的谗言加害岳飞。岳飞率领岳家军追金兵于黄河南岸写下《满江红》,并挥鞭指着北岸发誓要"直抵黄龙府与诸君痛饮",从此"黄龙府"名声传遍天下。

宋朝著名爱国将领岳飞的"直捣黄龙府,与诸君痛饮耳"成为他壮志未酬的千古遗憾,古老的黄龙府也因此被世人所铭记。黄龙戏便诞生于此,是吉林省农安县人们创作出来的新剧种。

黄龙戏的起源是由汴梁和临安传来的皮影戏。在元代时,民间艺术和市井艺术都得到了充分的发展,皮影戏也很发达,在流传中皮影戏辗转到了北方,很快便和北方的文化相融合,形成一种极具特色的民间戏曲形式,早间黄龙戏的初露端倪,后来又吸收了东北大鼓、太平鼓和民间小调的精华,融为一家,慢慢地演变成极具特色和唱腔的黄龙戏。2006年,黄龙戏入选非物质文化遗产名录。

当时,黄龙戏的奏乐器是由剧团自己试验改制的黄龙琴、四弦胡和小三弦组成,具有浓厚的地方特色。角色行当更是只有小生、小丑、小旦三行,在实践中,才慢慢地补充了刀马旦、老生和老旦。后来接触到京剧后,黄龙戏的化妆、服装以及表演技巧上基本都按照京剧的路子走。

黄龙戏的内容主要反映辽金时期历史人物在黄龙府一带的活动,多是些民间小戏,其唱腔字正腔圆,表演有板有眼,极具表现力,其中四大剧目《魂系黄龙府》《大漠钟声》《圣明楼》《摩托格夫人》曾多次在全国获大奖,也是其代表作。

黄龙戏剧团在20世纪80年代后步入辉煌期,1991年其代表剧目之一《魂系黄龙府》获"全国第三届少数民族题材剧本特别奖",同年剧中主演还获得文化部首届文华表演奖和中国戏曲第八届梅花奖。之后,由于各种因素,黄龙戏在90年代后走向衰落。用黄龙戏剧团团长赵贵君的话说,剧团成

了"无固定办公地点、无固定排练场所、无固定演出经费"的"三无"团体。

如今生活水平的提高和人们生活节奏的加快,黄龙戏作为民间传统文化与现代社会的冲突越来越严峻,生活娱乐方式的多样化改变了人们的审美观,许多事关生存的问题缠绕在黄龙戏的身上,被人们称为"民族瑰宝"的黄龙戏正在面临着生死存亡的危机。相信在人民政府的帮助下,黄龙戏恢复以往的光环指日可待。

第三章
华东地区戏剧

上 海 市

	遗产项目	淮剧
	所属地区	上海市
	艺术特点	语调工稳、四声分明、五音齐全、富有韵味、发音纯正、悦耳动听。
	传承意义	对于戏曲的研究具有很重要的意义,可以促进戏曲研究的全面化,丰富我国地方戏曲种类,对提高人们的生活水平有着很重要的推动作用,从而促进我国城市化建设的发展。

　　淮剧,又名江淮戏,主要流行于江苏、上海和安徽等地区,是中国汉族戏曲剧种,在发展过程中受多种戏曲的影响,在唱腔、音乐和表演上都有着很丰富的表演形式,很受老百姓的青睐。

　　清代时期,在民间流行着一种说唱形式"门叹词",这种门叹词主要由农民号子和田歌相互影响相互融合形成的一种一人唱或者二人合唱的曲艺,后来和"香火调"及部分民歌发展为淮调,这时的表演多为民间小戏。后来在徽戏和京戏影响下,移植演出了一些表现历史生活的大戏。唱腔受徽戏唱腔影响而变化,形成了老徽调。20世纪30年代出现了一批有名的

演员,淮剧的影响范围也变得宽广,后来又
创立了"自由调"、"连环句"。1942 年,淮戏
研究组成立,新创了新淮调、新悲调等新
唱腔,淮剧渐渐成了具有鲜明地方特色的
曲艺剧种。

在发展中,淮剧逐渐形成了以今江淮官
话的方言为基础,并兼顾附近的淮安、盐阜
等地方方言而戏曲化的一种舞台语言,具有
发音纯正、悦耳动听、富有韵味的特点。

唱法表演可以分为西路淮剧和东路淮剧,西路淮剧流行的地区是早期
淮剧的发源地,唱法以老淮调为主调,东路淮剧则以自由调为主,表演方式
较西路淮剧灵活。淮剧的唱腔音乐属板腔体,以淮调、拉调、自由调为三大
主调。其中淮调旋律高亢,诉说性强,大多用于叙事;拉调旋律委婉,适用于
抒情性的场景,而自由调旋律流畅,可叙可议,具有综合性的表现性能;小
调主要有一字腔、叶字调、穿十字、南昌调、下河调、淮悲调、大悲调等,还有
从民间小调演化的蓝桥调、八段锦、打菜苔、柳叶子调、拜年调等。各种曲调
共一百多个,其主调的调式调性相近,基本为徵调式、商调式、羽调式三种
类型。

早期的淮剧只有小生、小旦、小丑三个行当。后来受徽剧、京剧影响,才
逐渐增加了角色行当,形成具有大二三花脸,老少父母旦之说的行当体系。
三二三花脸即大花脸、二花脸、三花脸,其中大花脸主要扮演帝王将相,二
花脸扮演较有武功的人,三花脸,即小丑,表演以滑稽、夸张的手法为主。老
少父母旦指的是老生、老旦、小生、小旦四个行当。

淮剧的剧目很多, 早期的生活小戏如《对舌》、《赶脚》、《巧奶奶骂猫》
等,大戏《九莲十三英》等都很受百姓的欢迎。比较经典的传统剧目有《千里

送京娘》、《孔雀东南飞》、《孟丽君》、《柜中缘》、《血手印》、《打金枝》、《安寿保卖身》、《玉杯缘》、《哑女告状》、《白蛇传》、《李翠莲》、《岳飞》、《吴汉三杀》、《嫁衣血案》、《恩仇记》、《赵五娘》、《莲花庵》等，还有后来创作的《离婚记》、《红灯照》、《奇婚记》、《金龙与蜉蝣》、《一江春水向东流》、《诺言》等剧目，都深受百姓的欢迎，尤其以《金龙与蜉蝣》为代表的都市新淮剧在戏剧界反响很大。

淮剧在文化、艺术、历史、民俗等方面具有非常高的研究和认知价值，在中国戏曲史及文化发展史上具有十分独特的地位，对丰富我国的曲艺史有着极其重要的作用。

【非物质文化遗产百科名片】	遗产项目	沪剧
	所属地区	上海市
	艺术特点	沪剧具有丰富多彩的曲调以及独特的风格，还增加了西洋乐器的弦乐、木管乐等，中西合璧，相得益彰。
	传承意义	属于北方曲艺剧种，对丰富和完善我国的曲艺种类有着非常重要的作用，有利于促进人们对传统文化的了解，增强道德素质和文化素质，促进经济和社会主义精神文明建设的发展。

沪剧是上海的具有代表性的剧种，其前身是"申曲"，主要在上海和江、浙部分地区流行，曲调优美，富有江南乡土气息，剧目贴近生活、贴近社会，很受百姓的青睐。

在上海及江浙一带农村的田头山歌有一种叫做花鼓戏的曲艺,这是沪剧最早的形式。清朝乾隆年间,花鼓戏已经非常流行,演变为上海滩簧,演出的形式主要是有两个男演员,其中一个扮女相,采用说唱形式来表演对子戏。晚些时间,出现了戏班,剧目都是以老百姓的生活为题材诙谐幽默,又因为演员的装束都是清代的民间装束,所以也被称为"清装戏"。20 世纪 20 年代,上海滩簧流入到上海受到文明戏的影响,采用幕表制,并发展为小型舞台剧"申曲"。这时申曲也开始出现了很多关于城市生活的剧目,表演中着西装,穿旗袍,于是申曲被称为"西装旗袍戏"。1941 年,上海成立了沪剧社,申曲正式改名叫沪剧。

沪剧唱腔音乐主要来源于浦江两岸的山歌,在发展中与其他曲艺剧种的精华部分相结合,逐渐形成了拥有自己独特的曲调,曲调主要分为板腔体和曲牌体两大类;板腔体唱腔包括以长腔长板为主的一些板式变化体唱腔,代表沪剧的独特风格,也被称为"基本调",后来演变为男女分腔,采用同调异腔方式。女腔为商调式,男腔为羽调式。相比之下,曲牌体的唱腔则微弱多了,主要是以明清俗曲、民间说唱的曲牌和江浙俚曲为主,也包括借鉴其他剧种和山歌等曲子。

对子戏时期,沪剧角色行当主要以一生一旦为主,伴奏乐器也比较简单,主要有一把胡琴、一副板和一面小锣。同场戏时期,有了生行、丑行的分别,伴奏乐器以竹筒二胡为主,辅以琵琶、扬琴、三弦、笛等乐器,后来形成了生、旦、丑行,生行包括小生、老生,小生又分正场小生、风流小生;旦行又名包头,分正场包头、娘娘包头、花包头、老包头、邋遢包头等,但唱、做、念均未形成行当,演唱时都用真声。新中国成立后更是吸收了西洋乐器的弦乐、木管乐等,表演方式更加多样化。

沪剧演出剧目非常丰富,传统的经典剧目有《黄糠记》《庵堂相会》、《女看灯》、《小分理》、《杨乃武和小白菜》、《恶婆婆与凶媳妇》、《双玉玦》、《幽兰夫人》、《珍珠塔》、《孟丽君》、《双珠凤》等剧目,在时代发展中不断创新和创作的新剧目有《啼笑因缘》、《秋海棠》、《十不许》、《家》、《魂断蓝桥》、《雷雨》、《罗汉钱》、《铁汉娇娃》、《叛逆的女性》、《白毛女》、《蝴蝶夫人》、《母与子》等现代题材的剧目。

作为江南区域文化的典型代表,沪剧从各个层面反映了近现代中国大都市的风貌,展现出顽强和强悍的生命力,但近年来随着经济发展得越来越快,人们的审美观念开始变化,沪剧艺术面临着越来越严重的生存危机,演出次数日渐趋微,观众数量骤减,沪剧经费紧张,演员中人才流失和断层现象非常严重,江南地区现有的沪剧演出团体仅剩 3 个,沪剧艺术亟待解决生死存亡的问题。不过党和政府非常重视这个问题,并对沪剧的发展给予了大量的支持和帮助。

【非物质文化遗产百科名片】	遗产项目	越剧
	所属地区	上海
	艺术特点	长于抒情，以唱为主，声腔清悠婉丽，优美动听，表演真切动人，唯美典雅，极具江南灵秀之气。
	传承意义	越剧是上海地区有名的曲艺剧种，在国内和国外都有很大的影响力，传承越剧有利于完善我国的曲艺种类，促进我国民族文化走向世界，从而促进我国社会主义文化的发展，为经济建设提供更好的支持和帮助。

　　越剧，又名绍兴戏，是中国五大剧种之一，主要流行于上海、江苏、浙江、福建等江南大部分地区以及北方部分地区，鼎盛时期，甚至流传到海外，并在海外拥有较高的声誉和广泛的群众基础。越剧，是当之无愧的流传地方最广的剧种，在 2006 年，越剧入选国家级第一批非物质文化遗产名录。

　　越剧清末起源于浙江嵊州，因为嵊州是古越国所在地而得名，当时浙江嵊县以马塘村为主一带流行一种说唱形式落地唱书，在流传的过程中，和余姚滩簧、绍剧等曲艺剧种的唱腔、剧目、曲调相互融合而形成一种新型表演方式，当时称为"小歌班"、"的笃班"和"绍兴文戏"，其艺人是清一色的半农半艺的男性演员，所以也被称为男班。1917 年，小歌班流传到上海，并且受到绍兴大戏和京剧影响，表演技巧获得了很大的成功，开始向古装大戏发展。1923 年,举办了第一个女班,两年后在上海《新闻报》演出广告中首次以"越剧"命名。后来在发展中逐渐形成了优美抒情的艺术风格。

相对于其他剧种,越剧出现的时间明显要晚些,这正为越剧提供了博采众家之长、为我所用的机会,越剧唱腔属板腔体,早期小歌班时,曲调比较单一,从开始的"正宫调"、"弦登调"到后来的"弦下腔",在广泛吸收其他曲艺剧种的曲调音乐,并加以创新,越剧渐渐形成了长于抒情、声音清幽婉丽、优美动听的极具江南灵气的艺术风格。曲调以尺调、四工调、弦下调为主要三大类,其中尺调又分流水板、慢板、中板、连板、散板、嚣板等。

越剧的角色行当分为小旦、小生、老生、小丑、老旦、大面六大类,其中小旦、小生、老生、小丑称为越剧的"四柱头",其中小旦分为悲旦、花旦、闺门旦、花衫、正旦、武旦六种,小生又分为书生、穷生、官生、武生四种,一般扮演青年的男主角这一个重要的角色,比如在《秦香莲》中的陈世美就是由小生来扮演的。老生分为正生、老外两种,主要是扮演四十以上的男角色。小丑即小花脸,又分为长衫丑、官丑、短衫丑、女丑四种,这一行的表演主要以诙谐幽默或者阴险狡猾为特点。

装饰艺术、服装和舞台美术也是越剧一个极其重要的特色。早期装饰

只是男演女角时把脑后的辫子散开,梳成发髻,上搽胭脂和铅粉就行了,后来形成了以美容方法和绘画化妆法、毛发粘贴法为主的装饰技巧。越剧的服装特点主要采用古装衣,上衣有水袖或本色连袖,外加云肩或飘带。舞台上则借鉴古代仕女的风格,款式清新婉丽,色彩和质料显得淡雅大方,对传统戏曲服装作了很好的发展。

虽然出现的时间晚,越剧还是拥有大量的成熟优秀的剧目,其中较具代表性的有《西厢记》、《红楼梦》、《孔雀东南飞》、《盘夫索夫》、《梁山伯与祝英台》、《打金枝》、《三看御妹》、《北地王》、《碧玉簪》、《祥林嫂》、《追鱼》、《琵琶记》、《情探》、《玉堂春》、《柳毅传书》、《白蛇传》、《十一郎》、《胡伯伯的孩子》、《火椰树》等剧目。

越剧是上海地区有名的曲艺剧种,在国内和国外都有很大的影响力,传承越剧有利于完善我国的曲艺种类,促进我国民族文化走向世界,从而促进我国社会主义文化的发展,在时间的发展中,越剧已经成为中华戏曲百花园中的奇葩,它的影响波及海外。

江苏省

	遗产项目	昆曲
	所属地区	江苏
	艺术特点	有生、旦、净、末、丑等二十行,并以乐器辅助,抒情性强、动作细腻,歌唱与舞蹈的身段结合得巧妙而和谐,唱腔华丽、念白儒雅、表演细腻、舞蹈飘逸等特点。
	传承意义	昆曲被誉为"中国戏曲之母",是中国汉族文化艺术发展的成果,传承昆曲,对我国现代文学史、戏曲史、音乐史和舞蹈史具有非常重要的意义。

"原来姹紫嫣红开遍,似这般都付于断井颓垣。良辰美景奈何天,赏心乐事谁家院……"这是明代著名的戏曲作家汤显祖的《牡丹亭》,是昆曲的代表曲目,从古至今一直为人们所喜爱,它那隽永耐人寻味的方式表达,更能深深地触动了人们的心灵。

那么,为何会有如此多的人喜欢听昆曲呢?昆曲有什么独特之处呢?

昆曲是中国汉族传统戏曲中最古老的剧种之一,也是中国汉族传统文化艺术,更是戏曲艺术中的珍品,被人称为百花园中的一朵"兰花"。昆曲至今已有六百年的历史,很多地方剧种都受到过哺育和滋养,因此昆曲又被称为"百戏之祖,百戏之师"。

昆曲以生、旦、净、末、丑、外、贴七行为基础角色,后设小生、小旦、小末等十二行,并且在表演中以笛、笙、箫、唢呐、三弦、琵琶等乐器为辅助,使得昆曲表演看起来如梦如幻。戏曲的表现手段为唱、念、做、打(舞)之综合。这四个方面及其综合在昆曲中要求最高,昆曲演员必须在这几个方面兼备。舞台呈现亦最为完美与出色。

昆曲表演的最大特点是抒情性强、动作细腻,歌唱与舞蹈的身段结合得巧妙而和谐。昆曲是一种歌、舞、介、白各种表演手段相互配合的综合艺术,长期的演剧历史中形成了载歌载舞的表演特色。经过多年的发展,昆曲已经形成了一套丰富的体系,而这一体系又在中国戏曲中占据了独尊的地位,所以昆曲被称为"百戏之祖"。

舞台美术上,昆曲更是多姿多彩,主要体现在丰富的服装式样,讲究的色彩和装饰以及脸谱的使用,使得昆曲的表演多姿多彩,当然,在戏中,武将有各自不同的戏装,文官亦有各种各样的不同等级的穿戴,脸谱主要用于净、丑两行。属于生、旦的极个别人物也偶然采用,如孙悟空(生)、钟无盐(旦),颜色基本用红、白、黑三色。

作为一种高度文人化的艺术,昆曲中最有影响而又经常演出的剧目有《鸣凤记》、《牡丹亭》、《紫钗记》、《邯郸记》、《南柯记》、《义侠记》、《玉簪记》、《风筝误》、《十五贯》、《桃花扇》、《长生殿》等,另有著名的折子戏,如《游园惊梦》、《思凡》、《断桥》等。明清时代很多从事昆曲剧曲创作的文学家,都获得了较高的文学地位,如汤显祖创作的《牡丹亭》,更

是让他在元代便获得了大量的荣誉。

在时代的发展中,昆曲的分工逐渐细化,对传统的昆曲进行了创新,角色行当包括老生、末、净、付、丑等。各行当在表演中形成一定的程序和技巧,对京剧及其他地方剧种的形成发展产生了重要影响。昆曲音乐唱腔华丽、念白儒雅、曲调优美,表演中常常会形成"婉丽妩媚,一唱三叹"的艺术效果。

昆曲中具有非常深厚的历史资料和民俗风情,对研究文学、唱腔、表演各方面的发展演变,提供了大量的证据,对于完善我国的曲艺史和研究声腔演变的过程都具有不可替代的作用。

然而,随着经济的发展和社会的进步,知道和了解昆曲的人越来越少,昆曲正在面临着和其他曲艺剧种一样的生存危机,昆曲这一来自民间,为人民服务的剧种,亟须人们的抢救和保护,迫在眉睫。

昆曲历史悠久,影响广泛而深远,昆曲被誉为"百戏之祖,百戏之师",对推动我国戏曲和文化的发展具有重要的作用。昆曲艺术形式在时代发展中创新多变,逐渐引起人们的注意。由于昆曲具有的独特文化价值。因此2001年入选联合国教科文组织首批"人类口头和非物质文化遗产代表作",并得到了专家和学者的帮助,积极地走出困境,走向新的辉煌。

苏剧

【非物质文化遗产百科名片】	遗产项目	苏剧
	所属地区	江苏省苏州市
	艺术特点	风格婉转清丽，细腻动人，唯美典雅，具有浓厚的江南风味。
	传承意义	对于完善江南地区剧种有着非常重要的意义，能够促进我国曲艺剧种百花齐放的局面，从而改善和丰富人们的文化和精神生活，人们文化生活水平的提高又有利于促进我国社会主义现代化建设。

　　苏剧是在花鼓滩簧与南词、昆曲等基础上相互交流融合而形成的新剧种，在苏州南部和浙江北部广为流行，深受民众的青睐。苏剧后来主要是受昆剧的影响，甚至很多昆剧艺人也开始从事苏剧表演，苏剧表演风格在昆剧的影响下形成了细腻、注重内心体验，具有浓郁江南风味的独特风格。

　　苏滩在清代乾隆年间，就已在江浙一带盛行，并流行到江西、福建等地。在这些地区，苏滩开始与其他曲艺剧种相互影响相互融合，如浙江的金华戏及江西的赣剧中都保留着对白南词的剧目，称为"南词"或"滩簧"。顺治年间传播到上海，昆曲开始没落，很多昆曲艺人加入了苏滩的表演中，因而得以吸收了昆曲的表演精华，苏滩的表演具有通俗生动、音乐优美等特点而大受欢迎。在19世纪末，苏滩成为上海的主要曲种之一，并深受上海市民的欢迎。民国后苏滩获得更大的发展，形式繁多，如苏滩化妆演出、古装苏滩、全班女子苏滩、妇子配角化装苏滩、化装坐唱苏滩和素衣坐唱苏滩等，这些表演能够满足不同层次以及不同教育程度的人们的需要，因而在民众中具有较高的影响力。

1935年，上海成立了苏滩歌剧研究会，进一步对苏滩的唱腔、剧目及表演进行了创新。20世纪40年代，朱国梁将国风社和正风社合并，在上海创建"国风新型苏剧团"，标志着苏剧的正式产生。

在发展中，苏剧音乐唱腔的主要来源是昆曲曲牌、南词以及民间流传的滩簧曲调。其中其唱腔深受昆腔的影响，保留了昆曲婉转清丽、细腻动人等委婉的江南音乐风格特征。其板式主要以快板、慢板和散板为主。在伴奏中，乐器主要以二胡、江南丝竹为主。常用的传统曲调有太平调、弦索调、费伽调、柴调、迷魂调、银绞丝、流水板、二犯调、挑袍调等数十种，其中太平调使用最多。在苏剧音乐中还保留了昆曲的曲调，如曲头、一江风、点绛唇、朝元歌、锁南枝、六么令、羽调排歌等，民间流传的民歌小曲在苏剧中也有很多，如春调、劈破玉、大九连环、小九连环、五更十送、知心客等，在苏剧表演中常常用作插曲。

苏剧的角色行当与昆剧基本相同，但各行当之间虽有各自独立的表演程式，但并没有严格的限制，在表演中主要是以丑角、旦角为主，在演出中

演员的人数较少，只有七人或者五人围坐桌旁，自拉自唱，分任各角色行当，有老生、小生、旦、老旦、丑五行。在行当中没有净行，如演出有需要则由老生演员兼演。

因受其他曲艺剧种的影响较深，所以苏剧的剧目也显得有些复杂。如早期的苏滩化妆演出一类，被称作前滩，这个时期的剧目大多是从昆曲中移植过来的，如《西厢记》、《牡丹亭》、《红梨记》、《烂柯山》、《玉簪

记》、《绣襦记》、《精忠记》、《西楼记》、《白蛇传》、《义侠记》、《水浒记》、《占花魁》、《渔家乐》等剧目,这些剧目剧情丰富,转折点较多,能够满足观众的情感表达。

后期的剧目主要是从民间花鼓戏或者其他剧种中诙谐的段子中移植过来的,主要为对子戏和小戏,被人们称作后滩。经常演出的剧目有《教歌》、《张三借靴》、《嵩寿》、《呆中福·洞房》、《琵琶记·大小骗》、《扦脚做亲》、《探亲相骂》、《卖草囤》、《卖青炭》、《卖矾》、《捉垃圾》、《打斋饭》、《游观十八景》等。

苏剧对于完善江南地区剧种有着非常重要的意义,能够促进我国曲艺剧种百花齐放的局面,完善我国的曲艺史,以及民俗文化和历史文化有着重要的作用,从而改善和丰富人们的文化和精神生活,人们文化生活水平的提高又有利于促进我国社会主义现代化建设。因此,2006年,苏剧被选入了非物质文化遗产名录。

扬剧

	遗产项目	扬剧
	所属地区	江苏省扬州市
	艺术特点	唱腔刚柔并济,曲调十分丰富,具有欢乐、明快、幽默的风格。
	传承意义	对丰富江苏地方的剧种有着非常重要的意义,能够促进人们文化和精神文明建设的发展,从而增加人们的文化和精神修养,更好地促进社会主义现代化建设的发展。

　　扬剧原名淮扬戏,俗称扬州戏,发源于扬州,成长于上海的戏曲剧种,主要在江苏省的扬州、镇江地区和安徽省的部分地区及南京、上海一带流行,起源于小戏花鼓和用来祭祀酬神的香火戏,并融合地区的小调发展而成,因为贴近人们的生活,所以很受老百姓的青睐。

　　民间流行的小花鼓戏是在清代,农闲的时候老百姓发明的一种自娱娱乐的新型的表演形式,主要以说唱为主,并与当时在苏北民间流行着一种用来祭祀和酬神的香火戏相互影响相互融合,并且在发展中吸收了扬州清曲、地方民歌、小调等而形成的一种新的曲艺。苏州香火戏在 1911 年传入上海等地区,当地人称为维扬大班。几年后,扬州花鼓戏也传入上海,被上海人称作维扬文戏,20 世纪 30 年代,两种戏曲合并形成维扬戏,后来简称扬剧。

　　根据其发展,我们可以看出扬剧的曲牌体主要以花鼓戏音乐、香火戏音乐和扬州清曲音乐、小唱为主。花鼓戏和老百姓的生活关系很密切，这从它独特的音乐曲调上可以看出来，曲调主要有种大麦调、磨豆腐调、深亲调、跌怀调等曲调，富有浓郁的乡土气息，显得生动活泼；香火戏主要是用来祭祀，所以其音乐曲调也是从民间生活中所获得，曲调主要以快板、船调、渔调等曲调为主，旋律激越，具有浓厚的宗教般的气息；扬州清曲和扬州小唱包括满江红、叠落、侉侉调、梳妆台、剪剪花等曲调，行腔优美，典雅文静，很抒情。

　　和其他曲艺剧种一样，扬剧的伴奏乐器也分为文、武场。文场主要以主胡、正弓和琵琶为主，另外还有扬琴、木笛、三弦和唢呐等乐器，武场则是以大小锣、板鼓、堂鼓和铙钹等打击乐器为主。因此，扬剧的伴奏多清新婉丽，既摆脱了以往剧种的呆板，也不至于单调，具有鲜明的个性特点，区别于其他剧种。

　　在发展中，扬剧虽然形成了完善的角色行当，也有生、旦、净、丑之分，但区别不甚明显，扬剧一直重视丑行和当行的表演，一丑一旦的表演较多，所以形成了自己独特的喜剧风格。在表演上，演员的戏路也比较宽，甚至一个演员担当多个行当的表演，在唱腔上分为男腔和女腔，并保持着花鼓戏的朴实无华、鲜明活泼的特点，所以生活气息很浓郁。

　　各行当的表演主要是从昆曲和京剧中学习和借鉴而来，并根据自己的特点加以改善，逐渐形成了扬剧特色鲜明的表演。扬剧的传统剧目有四百多出，其中影响较大的有《王昭君》、《樵夫与画女》、《绣符缘》、《珍珠塔》、《鸿雁传书》、《三戏白牡丹》、《玉蜻蜓》、《闹灯记》、《百岁挂帅》、《审土地》、

《命妇宴》等剧目。这些经典的剧目大都是根据历史传说和民间故事改编而成，因此在民众中很受欢迎，影响深远。

扬剧的思想内涵丰富，具有很高的历史文化的认知和研究价值，能够传达扬州地区独特的精神风貌，是中国传统文化中的珍贵财富。因此，2006年，扬剧经国务院批准入选国家第一批非物质文化遗产名录，在党和政府的领导下，扬剧重焕生机，并逐步走向了正轨。

淮海戏

【非物质文化遗产百科名片】	遗产项目	苏剧淮海戏
	所属地区	江苏省
	艺术特点	扎根于人民群众的生活中，表演艺术有极其浓郁的乡土气息和丰富的民间色彩，剧目的创作也多是为老百姓的生活服务。
	传承意义	淮海戏有着丰富的历史文化内涵，对研究和发展历史文化有着重要的传承价值和艺术价值，研究淮海戏也有利于丰富和发展淮海戏，从而丰富人们的文化生活，促进经济的发展。

淮海戏，是江苏省独具特色的剧种，在江苏省北部、宿迁市和淮安、盐城两市北部等城镇地区广为流传。据清代李调元《雨村剧话》记载："秦腔始于秦州，盛于长安，流入晋、冀、鲁、豫至淮水止。"由此推断，淮海戏本为秦腔的一支，在发展中才逐渐形成具有浓郁民间气息受老百姓喜爱的新剧种。

清代乾隆和嘉庆年间，因处于太平盛世，经济发达，文化也得以繁荣，艺人的数量更是达到前所未有，艺人的活动不受人约束，一般为个体分散活动，很少组成戏班演出。他们走南闯北，在农家门前演唱要点食物和清水，所以也被称为"打门头词"。而且演唱的内容也多是民间流传的历史神话故事和民间俗事故事，伴奏的乐器主要是一把三弦，老百姓称"三刮调"。直到道光年间，戏班才开始成群地出现，

到处演出，表演固定的剧目，剧情较为简单，这是小戏的最初形式。光绪年间，受徽剧、京剧的影响革新了唱腔，丰富了曲目和表演技巧。后来在中国共产党的帮助下，排演了很多关于现代生活的剧目，并在 1947 年成立大众淮海剧团，从此，小戏命名为"淮海戏"，正式登台演出。

淮海戏唱腔轻松明快而又显得高昂慷慨，始终扎根在人民的生活中，乡土气息浓厚，有独特的地方特色，很受百姓的喜欢。主要以板式唱腔为主，男女演员同腔不同调。伴奏乐器以三弦、高胡、竹笛、唢呐为主，另外还有呼胡、琵琶、扬琴等乐器。

因为淮海戏既能在舞台演出，在乡间街头摆戏摊也能适应，所以很多民众在行走或者农闲时都会哼唱两声淮海戏来解闷，成为当地不可缺少的文化娱乐。在表演形式上，淮海戏也根据民间动物采取仿生物学，创作了鸡刨塘、野鸡溜、驴打滚、猪吊腰、鳖爬走、狗拜年等诙谐幽默的表演形式，还根据人行走的特点创作了脚尖走、穿八字、膝盖走、矮步蹬等表演形式，生动有趣，深受百姓欢迎。

淮海戏的经典剧目也有很多，比如传统的剧目有《樊梨花》、《皮秀英四

告》等 32 大本和《骂鸡》、《催租》等 64 单出。现代戏的剧目有《柴米河畔》、《三星路》、《反内战》、《葵花路》、《孙明芝》、《月牙楼》等剧目。反映现实生活题材和农村的现代戏，更为老百姓喜爱。20 世纪 70 年代末到 20 世纪 80 年代末，淮海戏更是登上了顶峰。2006 年，淮海戏入选国家级第一批非物质文化遗产名录。

然而随着西方文化的冲击和电视电影的普及，人民群众的文化生活日益多元化，对淮海戏的兴致日渐趋微，尤其是年轻人喜欢戏剧的更是少之又少，随着城市化进程的加快，人们的生活节奏也逐渐加快，人心变得浮躁，静下心来品味淮海戏已经成了奢侈。

目前剧团主要以老年人演员为主，淮海戏的绝技面临着后继无人的危机，因此抢救和保护历史文化内涵丰富的淮海戏已经迫在眉睫。

江苏柳琴戏

【非物质文化遗产百科名片】	遗产项目	江苏柳琴戏
	所属地区	江苏省宿迁市泗洪县
	艺术特点	剧目多是关于生活的小戏，能够与时俱进，积极地促进剧目的创新和改编。
	传承意义	江苏柳琴戏是江苏特有的独特的剧种，对丰富我国的地方戏曲种类有着很重要的作用，能够丰富人们的文化生活，提高人们的文化修养，从而促进我国社会主义现代化建设。

在江苏、山东、河南、安徽四省的广大地区，流行着一种唱腔极具拉魂

动魄的魅力的地方剧种,这个新型的剧种
很受人们的青睐,民间一直称这种剧种为
"拉魂腔",用来形容人们对这个戏剧的喜
爱。"拉魂腔"是江苏柳琴戏的前身,1949
年 10 月之前,百姓一直以"拉魂腔"为称
呼。

　　"拉魂腔"源于民间小调"周姑子",据
资料记载和推算,至今已有两百多年的历
史。"周姑子"在民间基础上成立,很多曲
目都是改编自民间故事和民间俗事故事等, 在老百姓中有很大的影响力,
后来在演变的过程中,融会了当地的民歌、小调、曲艺和毗邻地区的地方剧
种音乐,相互借鉴,相互融合,逐步形成了具有完备唱腔体系的"拉魂腔"。

　　在多年的流传过程中,"拉魂腔" 吸收了大量的民歌小调和地区音乐,
并且剧目也开始根据民间传说和民间俗事进行剧目创作, 经过时间的积
累,"拉魂腔"剧目内容之丰富多彩,数量之庞大,都远远地超过了其他剧
种,而且唱腔华丽、典雅。民间俗语"柳琴戏有九腔十八调七十二哼哼",足
以说明江苏柳琴戏唱腔种类的丰富繁茂。

　　徐州地区地处大陆的中部,当时南北两大派系都在此相互交汇、吸收、
创新,这对柳琴戏来说是得天独厚的机会,在南北两大派系繁多的唱腔的
影响下,柳琴戏的唱腔发生了很大的变化,柳琴戏融合了两大派系的优势。
形成了自己既有北方剧种的慷慨粗犷、高昂激越的阳刚之美,也有南方剧
种的百转千回、柔丝若梦的柔弱之美,这种转换自如的唱腔正是使其有了
独特的魅力,百姓百听不厌,百看不厌。2006 年,柳琴戏入选国家级非物质
文化遗产名录。

　　柳琴戏的传统剧目有两百多出,主要是根据百姓生活故事改编的小戏

和以根据历史传说或者小说剧本改编的大戏,其中小戏的经典曲目为《喝面叶》、《小姑贤》、《芈建游宫》等,大戏则是以《四告》、《观灯》、《大花园》等最为经典。20世纪50年代,因为柳琴戏的伴奏乐器主要以"柳叶琴"为主,所以人们称为"柳琴戏"。

新中国成立后,剧团又对剧目进行了创新和改编,如《相逢在每一天》、《小燕和大燕》、《梅雨情》、《三赐御匾》、《彭祖》、《解忧公主》、《瓜棚风月》等,在社会上引起轰动。其中《小燕和大燕》被拍摄成电影戏曲艺术片在全国发行放映。

进入21世纪以来,在党和政府的领导下,柳琴戏的发展也开始逐渐升温,创作了《走娘家》、《马孤驴换妻》、《枣花》、《状元打更》、《灵堂花烛》等剧目,多次获得优秀剧目金奖。后来更是出版了大量的唱片、光碟、盒带和电视剧、电影等。在全国巡演中,受到百姓的喜欢,并且在国际上拥有良好的声誉和庞大的观众基础。

浙 江 省

【非物质文化遗产百科名片】	遗产项目	杭剧
	所属地区	浙江省杭州市
	艺术特点	在音乐和旋律的处理上别具一格,高昂处选用武林调,优美抒情处选用杭滩。
	传承意义	对丰富杭州地区的戏曲种类有着推动作用,改善杭州地区百姓的文化生活,提高人们的生活幸福率,促进人们文化水平的提高和精神文明建设的发展,从而为现代化奠下坚实的基础。

　　杭剧,又名武林班,是杭州地区最具特色的地方戏曲剧种,在江苏和浙江广为流行,杭剧由最初的一人独唱、无乐器伴奏渐渐发展为拥有自己独特的剧目和唱腔并且影响深远的大剧种,具有雄厚的群众基础。

　　杭剧起源于宣讲宝卷,简称宣卷。宣卷是明代时期流行在苏浙的新剧种,没有乐器伴奏,仅以木鱼击拍,在结尾的时候,众人合唱一句佛家佛语"南无阿弥陀佛"作为结束,颇有宗教意味,剧目大多是劝人向善。宣卷的曲调和演唱方式都十分简单,语句通俗,所以百姓很容易学到。到了清末民初的时候,已经成为老百姓自我娱乐的一种说唱方式,并风靡杭州城。

民乐社是宣卷的第一个班社,吸收了扬州清曲中的"梳妆台"等唱腔,并且根据杭州民间故事改编剧目《卖油郎独占花魁女》,并采用胡琴、鼓板、三弦和小锣等乐器伴奏,演出后大受欢迎,因杭州又名武林,所以人们称为"武林班",这是杭剧的雏形。班社成立得越来越多,而且花样繁多,武林班吸收"游魂调"和"宣卷调"的精华部分,并和京剧相融合,演变为优美动听的"大陆板",唱腔也演变为平板唱腔,为了加强胡琴、顿弓等伴奏效果,采用小三弦以长音滚奏烘托,逐渐形成了杭剧独具风格的唱腔演奏。

女性演员的出现则是在民国 15 年后,实行男女合演,这段时期成名的女演员很多,最著名的是"三英一牡丹",即杨文英、吴菊英、徐美英和绿牡丹。杭剧的发展越来越快,2006 年,经国务院批准入选国家级第一批非物质文化遗产名录。

在京剧和扬剧的影响下,除了借鉴它们的唱腔和表演艺术,杭剧的很多剧目都是袭用京剧、扬剧的剧目,如《狸猫换太子》、《玉堂春》、《铡美案》、《大红袍》、《华丽缘》等经典的剧目,虽然杭剧艺人也试着整理改编出宣卷传统曲目《太平记》、《百花台》、《琵琶记》、《失罗帕》,但遗憾的是并没有改编成杭剧剧种特色的保留剧目。

20 世纪中叶,在杭州市文化局的大力支持和帮助下,对杭剧进行了全面的改革,并且充实了杭剧剧团的团底,并且根据杭滩传统曲目《僧尼下

山》、《昭君和番》、《断桥》、《六月雪》、《貂蝉拜月》等折子戏进行改编,形成拥有杭剧特色的剧目,陆续搬上舞台,受到了人民的肯定。后来又根据历史故事改编成《银瓶》,这是具有杭州地方

特色的大戏,是杭剧改革后第一次正式公演,杭剧焕然一新,深受百姓欢迎。后来又陆续创作了《李慧娘》、《雷锋》、《王杰》、《年青一代》、《雪里红梅》等剧目,也在群众中引起很大的轰动。

新昌调腔

【非物质文化遗产百科名片】	遗产项目	新昌调腔
	所属地区	浙江省绍兴市新昌县
	艺术特点	在调腔音乐上颇有特色,一为帮腔,二为叠板,三为干唱。其中帮腔不同于一般曲艺剧种,调腔采用一字或者数字帮腔。
	传承意义	是浙江地区最古老的戏曲声腔之一,堪称中国戏曲史的活化石,对于研究戏剧的发展演变过程提供很多资料,具有很高的历史文化价值和研究价值。

新昌调腔是浙江地区古老的戏曲声腔之一,又叫掉腔、绍兴高调、新昌高腔等,流行地区主要以新昌为中心,向四周毗邻地区辐射,流入到浙东绍兴、萧山、上虞、余姚、嵊县、宁海等地,历史悠久,群众基础雄厚,新昌调腔被认为是明代南戏"四大声腔"中余姚腔目前所存在唯一的遗音,具有很高的文化和历史研究价值。2006年,新昌调腔入选非物质文化遗产名录。

唱腔中的演唱方式主要有干唱、帮腔、叠板等方式,在句尾经常采用一字或者数字来帮腔,或者不断地重复句尾的几个字,而不是以往的"一唱众和",也不是那种幕后合唱。帮腔人员站在后台,随着旋律的大小而改变直至声若游丝,消失不见。在演唱方式最为难得的就是干唱,不依靠任何乐器,前场启齿,后场帮接,没有高超的演唱技巧是难以把握的。

早期的新昌调腔的伴奏乐器很少,仅以打击乐配合演出,在流传过程中受到昆曲和乱弹的影响,新昌调腔的唱腔和表演方式都有很大的提高,在少数的折子戏中也试着使用笛子和板胡伴奏。但新昌调腔的伴奏依然还是很简单,伴奏的人员数量很少,一般为六人。

作为余姚腔的遗音,新昌调腔也继承了其行当,并在发展中逐渐完善,调腔的角色行当有"三花、四白、五旦堂"之称,三花为大花脸、二花脸、小花脸,四白为老生、正生、副末、小生,五旦堂为老旦、正旦、贴旦、小旦、五旦。各行当之间有着严格的分工,表演精湛细腻,拥有很多独特的绝技。

在流传中,新昌调腔深受目连戏、南戏、元杂剧、明清传奇的各种剧目的影响,借鉴并创作了大量的剧目,又有与时俱进,根据历史故事和现代生活改编的众多剧目。在资料中,仅仅晚清以前的古剧抄本就有一百多种,种类繁多,其中《北西厢》、《汉宫秋》、《妆匣记》等剧目为新昌调腔所独有的剧目,具有很高的历史文化价值,极为珍贵。

目连戏是较为古老的一个曲艺剧种,在江浙地区有着广泛的影响范围和群众基础,新昌调腔目连戏在我国目连戏系统中占有着独一无二的地位,在资料中记载着有一百多出新昌调腔目连剧目中,新昌调腔独自拥有

的特色的剧目就达七十多出,这是一个很乐观的数字,对研究目连戏提供了很大的依据和活生生的资料。

而且,在新昌调腔中,"干唱"是一种古老的唱腔形式,这是演唱中的最高形

式,在其他剧种中已经很难听到了,所以新昌调腔还具有非常高的声腔研究价值。

宁海平调

<table>
<tr><td rowspan="4">【非物质文化遗产百科名片】</td><td>遗产项目</td><td>宁海平调</td></tr>
<tr><td>所属地区</td><td>浙江省宁波市宁海县</td></tr>
<tr><td>艺术特点</td><td>"宁海耍牙",演员表演时两颗牙藏于口内,仍要唱、做、念、打,对演员的要求很高,这一"绝技"可与四川变脸媲美。</td></tr>
<tr><td>传承意义</td><td>传承宁海平调,有利于完善浙江地区的曲艺剧种种类,促进民族传统文化百花齐放的璀璨局面,丰富人们的文化生活。</td></tr>
</table>

宁海平调属于新昌调腔的分支,是浙江古老的地方曲艺剧种之一,以"宁海"为中心,向四周毗邻地象山、黄岩、温岭、临海、仙居、天台、奉化等地辐射,至今已有三四百年的历史,影响深远,群众基础广泛。

唱腔受新昌调腔的影响,唱腔以曲牌体为主,多为阴、阳两声结合。其中老生多用鼻音,发音较轻快明亮;小生则多用假嗓,声音威武有力;而净角声带振幅大,声音很粗犷、雄伟。表演时,主要采用一人独唱,众人帮腔的表演方式,旋律高亢而优美,伴奏乐器也很简单,主要以锣鼓等打击乐器来衬托。帮腔在发展中,受到了其他剧种的影响,较之新昌调腔丰富许多,有混帮、清帮、全句帮、片段帮、一字帮等多种形式。演出中的语言多采用宁海本地的方言和"读书声",声音洪亮,听起来很动听。

在宁海平调中最引人注意的是他独创的表演方式"宁海耍牙",丰富了戏曲脸部表演的形式和内容,引起了人们的关注,这门绝技至今已有一百多年的历史。"宁海耍牙"是一种变口绝技,既粗犷又细腻,既灵动又不失野性,其表演主要分一咬、二舔、三吞、四吐等几个步骤。艺人把肉猪的上獠牙含在口中,舌头为主要的动力来源,并且在齿、唇、气的辅助下进行表演,再借助将军令等曲牌音乐的肆意渲染,舞台上呈现出一片美妙绝伦的场景,也塑造出所演对象的不可一世的骄横之态,令人叹为观止,掌声不绝。

在历史的实践和发展中,宁海平调传统的剧目大概有一百多出,大型戏有"前十八"和"后十八"。其中"前十八"主要以家庭戏为主,"后十八"的

剧目题材则多样化,有从别的剧种中移植过来的,民间传说和神话故事,或者改编的其他剧种的剧目。在这些传统的剧目中影响较为深远的有《小金钱》、《金牛岭》、《潞安洲》、《天门阵》、《白门楼》、《御笔楼》、《百花赠剑》、《贵妃醉酒》、《陈琳救主》、《偷诗赶船》等剧目,其中《小金钱》的表演最具特色,也是最受百姓欢迎的剧目,《小金钱》的表演中采取了宁海耍牙的绝技,并配之高昂的音乐曲调,使得表演美轮美奂,给人眼花缭乱的感觉,这出剧目成为宁海平调中最富有特点的代表作品之一。

传承宁海平调,有利于完善浙江地区的曲艺剧种种类,促进民族传统文化百花齐放的璀璨局面,丰富人们的文化生活。因此在2006年,宁海平调入选国家级第一批非物质文化遗产名录,得到了国家和人民的认可。

高腔

	遗产项目	高腔
	所属地区	浙江省丽水市松阳县
	艺术特点	表演质朴、曲词通俗、唱腔高亢激越、一人唱而众人和,没有管弦乐伴奏,只用打击乐器。
	传承意义	高腔是浙江最为古老的剧种之一,具有很高的历史文化价值和研究价值,而其从未中断的表演也为研究戏曲提供了很多丰富的资料,对于发展我国的传统戏曲文化具有很高的促进作用。

松阳高腔是浙江八大高腔系统中的独立分支,属单声腔剧种,是目前浙江省现存最古老的剧种之一。高腔原被称为弋阳腔和戈腔,是戏曲声腔的总称。高腔主要在以松阳为中心,向四周毗邻地区辐射,波及闽、赣、皖等地流行,而且这一声腔在白沙岗的演出中从未出现过中断的现象,所以被称为"白沙岗之土调",当地人则称为"高腔"。高腔的演出历史悠久,在与当地的音乐结合中形成与众不同的音乐风格,深受百姓的喜爱。

高腔是在明代弋阳腔与后来的青阳腔的基础上,并在流传的过程中与其他地方剧种音乐曲调相结合而流变派生形成的诸声腔剧种。在几百年的流变过程中,高腔也形成很多具有特色的不同的音乐风格。在 2006 年,经国务院批准高腔列入第一批国家级非物质文化遗产名录。

在实践和发展中,高腔形成了自己独特的曲艺体系,它的唱腔属曲牌连缀体,但并不拘泥,可以灵活转换,演唱时句式、词格可以跟着剧情的变化而变化,并且在行腔中常用"咿"、"呀"、"啊"、"哈"等衬词来突出特点,并用假嗓帮腔,形成独特的演唱风格。高腔采用其他唱腔置之不用的管弦伴奏,另外还有笛、唢呐、二胡、板、鼓、大小锣、大钹等乐器。

早期的角色行当主要分为生、旦、净、丑、小、贴、外、夫8个行当,清末民初又增加了二旦、作旦、老外、二花、四花等行当,各行当之间的表演各有其独特之处,配之音乐和帮腔,别具一番韵味。松阳高腔的演出仍然保持着戏曲的原始状态,具有谱调优美,朴实无华等特点,自出现以来,松阳高腔的表演就带有鲜明的民间艺术特色,具有浓郁的乡土气息。

目前,松阳高腔的现存剧目有四十多出,如《火珠记》、《三状元》、《酒楼杀家》、《八仙桥》、《夫人戏》、《鲤鱼记》、《买水记》都是影响较为深远的剧目,很受百姓欢迎。

作为浙江最古老的剧种之一和从未中断表演的特殊性,松阳高腔具有很高的历史和文化研究价值。然而随着社会变革的发展,松阳高腔出现很多前所未有的问题,如演员的年龄呈现老龄化的特点,年轻艺人青黄不接,人才出现断层,而传统的言传身教的教学方法也面临着挑战,加上地方财政紧张,没有足够的力量扶持,所以松阳高腔的抢救和保护工作迫在眉睫,任重道远,应引起有关方面的重视。

乱弹

【非物质文化遗产百科名片】	遗产项目	乱弹
	所属地区	浙江省台州市浦江县
	艺术特点	在表演中,凡属板式唱腔都采用真音唱法;而凡属彩腔则用假嗓来辅助。
	传承意义	是宝贵的文化财富,是研究戏曲的"活化石",对于戏曲的研究有很高的历史文化价值,对我国戏曲的研究提供了很大的便利,促进社会主义现代化的发展,从而更好地服务于人民。

　　台州乱弹又名黄岩乱弹,在浙江省台州、温州、宁波、绍兴、金华、丽水等地区广泛传播,台州乱弹出现的日期是明末清初,由民间小调发展而来,在与其他地方剧种相结合而逐渐形成了以乱弹为主的唱腔形式,台州乱弹因为其独特的说唱方式和剧目贴近百姓生活,具有浓郁的乡土气息,因此深受百姓欢迎。2006 年,乱弹入选非物质文化遗产名录。

　　在发展中,台州乱弹逐渐形成了以乱弹为主,兼唱昆曲、高腔、徽调、词调、滩簧等种类繁多的唱腔体系,是全国少有的多声腔剧种之一。在表演中,演员多是用台州本地的方言,因而具有浓厚的乡村气息,剧目也尽量通俗易懂,据说创作家创作剧本后,总是把剧本念给当地的乡民听,如果听不懂,就改。直到能听懂为止,所以很受百姓的欢迎。

　　在实践中,台州乱弹也借鉴其他剧种的表演艺术,伴奏乐器也有文武之分,受昆曲的影响,文场分丝竹管弦乐曲和唢呐曲两类,武场分闹台锣鼓和表演锣鼓两类。并且从昆曲的行当表演中得到启发，为了区别昆曲，台州乱弹的角色行当分"上四脚"和"下四脚"，"上四脚"包括生、旦、净、丑，"下四脚"包括外、贴、副、末。随着徽调、词调、滩簧等曲艺种类传播到台州，台州的角色行当的分工越来越细。

在表演上，也借鉴其他剧种表演方式而进行创新，形成了"耍牙"、"双骑马"、"钢叉穿肚"、"甩火球"、"雨伞吊毛"等独特的绝技，"耍牙"就是借鉴宁海平调中的"宁海耍牙"而进行创新改编的。

台州乱弹的剧目有三百多出，关于台州乱弹的剧目，老百姓是这么记的："七阁八带九记十三图"，其中七阁就是指《回龙阁》、《兰香阁》等剧目，八带则是指《鸳鸯带》、《挂玉带》等剧目，九记包括《拜月记》、《白兔记》等，十三图包括《百寿图》、《双狮图》等。在此之外，还经常进行演出的剧目有《连环记》、《单刀会》、《锦罗衫》、《三星炉》、《紫金镯》、《紫阳观》、《阳河摘印》、《汉宫秋》、《五虎平西》、《长生殿》等。其中《汉宫秋》更是元杂剧中的经典曲目，经过台州乱弹的创新和改编，变得更有韵味。

浦江乱弹又名金华乱弹，在浙江省浦江、临安、建德、桐庐一带和江西、福建等地广为流传，起源于南宋，粗具规模则是在明代中叶，因为发源于浙江中部的浦江县，所以百姓把这种乱弹称为"浦江乱弹"。

南宋时期，浦江地区流行一种菜篮曲的当地民歌，在其他曲艺剧种和

南戏的影响下，逐渐形成了一种新型的说唱方式，直到明朝中叶，这种说唱形式才真正登上舞台进行演出。

明代中叶以后，乱弹逐渐形成了自己的

唱腔体系,腔调主要有乱弹三尖、二凡、三五七、芦花调等。伴奏乐器和台州乱弹一样分为文场和武场,文场乐器主要有笛子、板胡、科胡、唢呐等,武场则以大小锣和板鼓为主要乐器。曲调不仅流畅、明快,同时具有高昂、悲壮的特点。

角色行当有十三门之多,包括花旦、正旦、贴旦、老旦、小旦、大花、二花、小花、四花、老生、老外、副末、小生等,表演具有文武颠倒的特点,极具有乡村气息。浦江乱弹的剧目也是很丰富的,据资料记载有二百多出,比较经典和具有影响力的剧目有《醉打山门》、《玉麒麟》、《寿红袍》、《百花台》、《卖胭脂》、《凤凰山》、《全家福》、《瞎子拿奸》、《碧桃花》等。

台州乱弹和浦江乱弹都是民族文化中的珍贵宝藏,是研究戏曲的"活化石",具有很高的历史文化价值和研究价值,然而,在经济全球化的今天,乱弹剧团的数量开始急骤减少,因为娱乐方式的多样化,人们对乱弹的兴趣也降低了,演员收入低转而投入他行。乱弹面临着困难已经引起了人们的注意,相信这些问题不久的将来就会得到完善的处理,这一传统戏剧项目也会得到相关部门的扶植和保护。

淳安三脚戏

【非物质文化遗产百科名片】	遗产项目	淳安三脚戏
	所属地区	浙江省杭州市淳安县
	艺术特点	自然、活泼、粗犷、朴实,以表演生活、生产动作为表现手法,生活气息和乡土风味浓郁。
	传承意义	能够促进我国地方曲艺剧种"百花齐放"局面的形成,从而丰富人们的文化生活,为我国的社会主义现代化提供精神上的支持和鼓励,促进经济发展。

　　三脚戏又名睦剧,是淳安地区特有的地方剧种之一,主要在浙江西部山区流行,因其表演以老百姓生活和生产活动为表现手法,因而具有很浓郁的乡土气息和活泼的民间氛围,深受百姓欢迎。2006 年,淳安三脚戏列入非物质文化遗产名录。

　　淳安地区民风朴实,老百姓喜好歌舞,在农闲或者节日,市井乡间有表演傩神戏和各种歌舞的传统,当时比较流行的是跳竹马。在清朝时,跳竹马又和其他地区传来的采茶戏相结合,相互借鉴,相辅相成,学习采茶戏的剧目、表演方式和曲调,和当地的民间歌舞、小调、剧种,渐渐地由歌舞向戏曲演变,在清代末年,逐渐形成一种特色的小戏,因为在每个剧目只有二三个角色,演员只有生、旦、丑三个角色行当,故名三脚戏。

　　早期的三脚戏剧班,演员多为半农半艺,仍然保留着当初跳竹马的班社形式,后来逐渐形成了专演三脚戏的剧班,农闲时常到各地去演出,但

人员还是比较少，设备
简陋。演员大概有七八
个人，还有三四个敲打
乐器的。

　　到 20 世纪 30 年
代，这种戏班发展到将
近一百个，三脚戏达到
了鼎盛时期，尤其在新安江南岸的淳安东乡、南乡和西乡一带更是深受百
姓喜爱。三脚戏班常常没有固定的名字，戏班经常以班主的名字来命名。如
当时最著名气的淳安方仕进班。

　　20 世纪 40 年代时，由于三脚戏班没有形成大戏班的一套规矩，再加
上也没有自己独特的剧本，不能演会戏，在城里也不受欢迎，难以维持演
出，三脚戏班逐渐没落。很多演员弃艺归田，常班没落后，很多演员改行学
徽剧，也慢慢地出现一些用徽调唱三脚戏剧目，被称为"半班"。半班影响较
小，一般只在山区演出。

　　在实践和发展中，淳安三脚戏创作和改编了很多剧本，传统剧目分为
大戏和小戏两种，大戏有"二十四本"，如《山伯访友》、《蓝桥会》、《拷打红
梅》、《张三开屠》等剧目；小戏有"十四八出"，如《下南京》、《南山种麦》、《看
花灯》、《偷笋》、《卖花线》、《看相》等剧目。新中国成立后，根据现代生活改
编了很多现代戏，如《新安江人》、《密林丛中》、《铁门关》、《雨过天晴》、《山
谷朝阳》、《光辉的旗帜》等剧目。也有很多从历史剧中改编的剧目或者是从
其他剧团移植过来的现代戏。

　　随着社会变革的加快，人们的生活节奏也变得很快，对于传统的三脚
戏也渐渐失去了耐心，淳安三脚戏过去是很辉煌，但现在发展跟其他的曲
艺一样，也陷入了艺人流散、后继乏人的濒危状态，急需加以抢救和保护。

安徽省

庐剧

【非物质文化遗产百科名片】	遗产项目	庐剧
	所属地区	安徽省合肥市、六安市
	艺术特点	民间气息很浓郁,风格明朗,演员表演时边歌边舞,生动活泼。
	传承意义	庐剧在安徽具有很高的声誉和扎实的群众基础,具有很高的历史价值、文化价值和艺术价值,对丰富我国的传统文化和提高人们的文化生活水平具有促进作用。

庐剧原名"倒七戏",是安徽省独具特色的曲艺剧种之一,在安徽境内皖中、皖西、沿江的大部分地区和江南的部分地区广泛流行,因在皖中的演出次数最多影响力最大,在古代时,皖中属于庐州管辖,所以人们称之为"庐剧"。2006 年,庐剧经国务院批准入选国家级第一批非物质文化遗产名录。

当时在皖中大别山一带,是各种民间歌曲小调进行融合的地方,合肥门歌、巢湖民歌、淮河一带的花灯歌舞等民间剧种都在此传播,在太平天国时期,形成了三小戏,而后吸收了锣鼓书、端公戏、嗨子戏的唱腔而逐步形

成独具特色的庐剧。20 世纪
30 年代,庐剧进入芜湖、合肥
等城市演出,并与京剧同台演
出,称为"乱弹班",这段时间,
庐剧受到徽剧和京剧的影响,
在表演剧目和唱腔声调等方
面都进行了改革。

旧时庐剧剧社的演员大都是半农半艺,演员的功底不是很好,只要会
唱就行。在表演中多以一唱众和为主,不用丝弦、锣鼓伴奏。后来进入城市
演出,在徽剧和京剧的影响下也为了适应城市观众的需要,庐剧开始进行
了全面的变革。

早期庐剧的表演方式单一,内容不够丰富,表演通常就是把从别的剧
中学到的歌舞和本地的曲调相结合而形成的新的表演方式,演出多为幕表
制,各行当演员基本没有固定的台词,多采用临时串词、套词的方式。

庐剧的唱腔主要是来源于民间,皖中大别山一带具有非常丰富的民间
小调、歌曲和声腔,如古庐州的秧歌、莲花落、门歌等民间小调,庐剧的唱腔
就是在这些基础上形成的,朴实无华,具有很浓郁的乡土气息,剧目也多是
根据民间生活故事改编的,因此深受民众欢迎。

唱腔主要分为主腔和花腔两大类。主腔既用于抒情也用于述事,主要表
达较为复杂的感情,为主要唱腔。而花腔则是用于民间小戏,曲调轻快明
亮。唱腔板式丰富,偶有帮腔,称为"吆台",渲染舞台气氛,乡土味很浓。

庐剧的传统剧目主要分为花腔小戏、折戏、本戏三类,其中花腔小戏以
反映百姓生活情趣和爱情为主,如《上竹山》、《借妻》、《卖线纱》、《放鹦哥》
等剧目。折戏多为本戏中抽出的独立性精彩的节目,如《闹帘》就是从《梁
祝》中抽选出来的,另外还有《张四姐闹东京》中的《捣松》、《三元记》中的

《教子》等剧目。本戏则是以家庭的悲欢离合、爱情为主要内容,剧目繁多,庐剧独有的剧目有《手巾记》、《柴斧记》、《河神》、《干旱记》等剧目。

作为古老的剧种之一,庐剧具有丰富的文化价值和历史价值,其声腔和表演具有很高的研究价值。然而,随着城市化进程的加快,生产和生活方式的变化,人们面临着更多的文化娱乐方式,西方文化和电视电影,甚至网络的传播都给庐剧的传承和发展带来了很大的影响。

推剧

【非物质文化遗产百科名片】	遗产项目	推剧
	所属地区	安徽省淮南市凤台县、阜阳市颍上县
	艺术特点	委婉抒情、流畅明快,热情奔放,诙谐幽默,充分体现了淮河人们能歌善舞的特点。
	传承意义	对研究民间歌舞的演变和戏曲唱腔的发展具有重要价值,丰富淮海地区曲艺剧种的种类,填补我国戏曲的知识空白,以及丰富和改善人们的生活都有着极其重要的作用。

推剧又名"四句推子",是安徽省地区地方独特的稀有剧种之一,推剧的出现,弥补了安徽地区戏曲的缺陷,主要在安徽省和其周边的省市流传,具有显著的安徽地方特征和浓郁的乡土气息,很受人们的青睐。

这个年轻的剧种起源于花鼓舞,主要由表演花鼓舞、扬琴声腔和流行在淮北平原的地方舞台三部分组成。主要以花鼓灯的方式在地摊上演出,唱腔十分单调,只有反复四句。剧目大多充满生活情趣显得轻松活泼,但底

子较薄。1938 年,扩宽了清音的
音域, 节奏变得委婉和具有跳
跃性,并且在演唱中使用方言,
增加了地方色彩,群众称为"一
条线调"。后来出现了戏班,也
以板胡、笛子等乐器伴奏,这种
戏班百姓称为"弦子灯"。

民国三十四年后, 弦子灯
班开始有了简单的化妆和道
具, 表演也以戏文为主,"一条
线调"深受百姓的欢迎,在凤台
等地普及起来。1951 年,在皖北戏曲研究会上,艺人根据"一条线调"四句
一反复的特点,给其命名为"四句推子"。

1955 年,凤台县在原有的民间班社基础上成立了推剧团,发展了一批
青年人加入其中,并邀请附近的花鼓灯艺人来传授技艺,并且整理和挖掘
花鼓灯的剧目和表演方法,丰富了唱腔,舞台的渲染力也加强了,推剧慢慢
地迎来新的发展时期。

推剧从地摊走向舞台表演,是在 1949 年后。唱腔主要来自于地方民间
小调,由五音阶组成。道白吐字均采用本地方言,在表演艺术上传承了花鼓
灯的动作、步法、易懂、易唱、易学,剧目也是根据百姓生活而改编的,艺术
风格热情奔放,流畅明快,诙谐幽默,带有显著的地方特征和浓郁的乡土气
息,因此,很受百姓的欢迎。2006 年,推剧入选非物质文化遗产名录。

角色行当上主要以生旦为主,一开始主要为花鼓小戏较多,剧目、伴奏
乐器和表演方式都很简单、单调,随着推剧艺术的发展和其他剧种的影响,
出现了折子戏,新中国成立以后,推剧演员以现代社会生活为话题改编和

创作了很多现代剧。

推剧中的经典剧目不是很多，虽然经过几次改革，推剧独特的经典剧目还是差强人意。其中比较有影响力的剧目有《送情郎》、《新春对歌》、《赶会》、《双回门》、《青蛇白蛇爱许仙》、《洞宾戏牡丹》、《李天宝借粮》、《小放牛》、《送香茶》、《大扒缸》、《茶瓶记》等。

推剧艺术主要来源于民间小调，这些民间小调都是反映当地人们生活习惯、民间俗世俗事等，因而与人们的关系深厚，展现了淮海人们的精神风貌和礼仪风情，是淮海人民精神文明的象征。从淮海人民张口即来的推剧片段，可以看出人们对推剧的喜爱。

文南词

【非物质文化遗产百科名片】	遗产项目	文南词
	所属地区	安徽省池州市东至县、安庆市宿松县
	艺术特点	淘汰了传统的一胡、一鼓的曲艺伴奏形式，而采用断丝弦，极大地增加了舞台的艺术效果。
	传承意义	素有黄梅戏姐妹腔之称，被誉为中国戏曲的"活化石"，对研究安徽等地区的曲艺剧种提供了非常丰富的资料，填补我国戏曲存在的空白之处，从而完善我国传统文化中的戏曲部分，促进社会主义现代化文化的发展。

文南词又称文词戏、文词腔，起源于湖北黄梅一带的渔鼓小调，主要在安徽的东至县、安庆市的宿松县等地区流传，在资料《南乡诗草·省亲偶见》

中有一首诗:"翁操四胡桂树下,姝弄渔鼓唱'思嫁'。妇孺入迷文南词,月落西山不归家。"这首诗说明百姓对文南戏的欢迎和喜爱。

清末民初渔鼓小调经逃荒的卖唱艺人传播到安徽,在流传的过程中受到"饶河调"的影响,并且吸收和融合当地的民歌、小调和舞蹈等形成了拥有独特唱腔的曲艺剧种,1850年前后,宿松出现了灯歌、灯舞,后来演变成灯戏,灯戏是文南词戏曲的最初雏形,并且由地摊走向舞台表演,唱腔有南词、文词、正板、快板等几十种,取"南词、文词"合二为一,称为"文南词"。2006年,文南词被列为安徽省首批非物质文化遗产戏剧类项目。不久后,也入选国家级第二批非物质文化遗产名录。

受地区民歌和灯戏的影响,文南词的唱腔分正本戏主腔和小曲两大类。正本戏主腔类似于板腔体,唱腔分小调、文词、南词三大部分,而小曲则属联曲体。正本戏主腔分为"文词"、"南词"、"平词"三大类。其中正板和慢板也有所区别,"词正板"则旋律轻松明快,流畅,情绪波动较大;而"词慢板"则旋律低调委婉,舒缓,情绪倾向于平稳。小曲有"观花调"、"叠断桥"、"采花调"等50余种曲牌,在早期地摊阶段小曲为主要唱腔,而且小曲中蕴涵丰富的民歌。俗曲、小调,种类繁多,百姓百听不厌。

来自于民间的文南词,大量保存着当初从各地吸收的小曲,并在当地农村中流行,在农闲或者节日,经常会看到艺人摆摊演出,多由一人操作四胡,一人主唱,其他操作乐器的艺人围坐在旁边,复句帮腔,常常吸引台下观众随声附和,气氛激烈,热闹非凡。在表演中,后来又加入了断丝弦的表演,淘汰了一胡、一鼓的伴奏形式,极大地增加了舞台感染力。

　　文南词的剧目是随着时代的发展而变化的，这是文南词的优点所在。最初摆摊演出时,主要以小戏为主,剧目多是在曲艺坐唱的基础上进行改编的,剧情简单,表演手段单一,但胜在曲调优美,朗朗上口,富有浓郁的乡土气息,较为普通百姓所欣赏,有着极其顽强的生命力。这段时间的剧目以《卖杂货》、《卖茅柴》、《卖草墩》、《纺线纱》、《做渔网》、《纳蓑衣》、《浪子抛球》等为主很受百姓欢迎。其中《游江》、《宋江杀惜》等文南词小戏在民间流传时间最长,影响范围最大,成了这段时期的经典作品。

　　慢慢地从地摊走上舞台演出,这时的演出由小戏慢慢地变成以正本戏为主。这时候的剧目注入了更多的社会生活内容,剧情丰富,种类繁多。经典的剧目有八十多出,其中《借衣》、《嫖院》、《点药》、《秋江》等四折戏在时间积累上改编得很完善。在新中国成立前夕,剧作家又进行了创新和改编《戏牡丹》、《大审玉堂春》、《云楼会》等五十多出剧目,其中《烟花女子告状》、《苏文表借衣》从剧本到唱腔都有浓郁的安徽地方特色,自推出以来,几十年来很受百姓欢迎,演出不低于千次。

　　文南词是安徽地区古老的戏曲剧种之一,因其丰富的历史文化知识和丰富的资料,被人们誉为中国戏曲"活化石"。然而随着经济的发展和西方、港台文化的传播,人们的娱乐方式越来越丰富,传统的文南词已经很难满足人们的胃口,文南词的发展没落了下来,急需人们的抢救和保护。

泗州戏

【非物质文化遗产百科名片】	遗产项目	泗州戏
	所属地区	安徽省宿州市
	艺术特点	压花场是泗州戏表演艺术的根本，具有身段和步法数十种，风格明快活泼、质朴爽朗、刚劲泼辣。
	传承意义	泗州戏与安徽人民的生活有着密切的联系，具有安徽地区地域特征，传承泗州戏，有利于通过戏曲了解人们的生活、思想状况或者思维方式等，从而创造更好的文化服务于百姓。

在清乾隆年间，苏北海州一带，有邱、葛、张三位农夫爱好民间歌曲，他们常常在农闲时期编写山歌来祈求国泰民丰，当时山歌有太平调和猎户腔之分。后来不断进行整理和改编，渐渐形成了拥有自己的剧目进行演唱，由于唱腔优美，旋律动听，听者不思饮食，只思戏剧，好像魂被拉去，故被誉为"拉魂腔"。后来因为战乱，三人不得不逃亡，流离失所。张姓流落到海州，其唱腔发展为淮海戏；葛姓在苏北、鲁南一带流浪，发展为柳琴戏；而邱姓则流落到了泗州一带，被迫卖艺为生，发展为泗州戏。

泗州戏与徽剧、黄梅戏、庐剧，是安徽省最优秀的四大曲艺剧种。主要在淮海两岸传播，一度风靡全国，具有非常深厚的群众基础和雄厚的文化底蕴，距今已有两百多年的历史。2006 年，泗州戏入选非物质文化遗产名录。

唱腔随意性很强，在一定基调的旋律基础上，演员可根据剧情和自己嗓音情况来掌握节奏的快慢和曲调的强弱，发挥自己的特长，故名"怡心调"。男腔声音嘹亮，粗犷高昂；女腔婉转柔情，动人魂魄，所以被百姓誉为

"有拉魂的魅力"。曲调的板式有慢板、流水板、垛板等。伴奏乐器以土琵琶、柳叶琴为主,辅以三弦、笙、二胡、高胡、笛子等,另有板鼓、大锣、铙钹、小锣四大件打击乐器。打击乐器的使用多是从京剧和梆子戏中借鉴的。

在实践中,泗州戏渐渐完善了自己的角色行当,主要分大生、老生、二头、小头、丑等几类,在发展中受到压花场、小车舞、旱船舞、花灯舞等歌舞的影响而形成自己独特的表演方式,其中压花场是泗州戏表演艺术的根本,分单压和双压两种。压花场的要求很高,演员必须注重手、脚、肩等身体部位的协调和配合,所以经过严格的要求,女演员在演出时状若芙蓉出水,舞姿极其优美,在长时间的摸索和研究中,泗州戏渐渐形成了金蝉脱壳、燕子拨泥、扑蝶、剪子股、仙鹤走、怀中抱月、十字转身、百马大战、抽梁换柱、含

金闪腰、凤凰双展翅等几十种身段和步法,成为泗州戏中独特的亮点,深受百姓的欢迎。

表演大都带有质朴爽朗、明快活泼的特点,在泗州戏的剧目中,传统大戏有八十多出,小戏和折戏六十多种。在百姓中影响深远和声誉很高的剧目有《樊梨花点兵》、《罗鞋记》、《杨八姐救兄》、《拦马》、《跑窑》、《皮秀英四告》、《拾棉花》、《大书观》、《大花园》、《三蜷寒桥》、《绒花记》等,其中最受欢迎的还是折戏和小戏,尤其是以现代生活为题材改编的小戏。如《全家抗日》、《樊大娘送子参军》、《花狗子离婚》、《八月桂》、《乡野情》等剧目。

然而近年来随着经济全球化的加快,泗州戏的生存出现了危机,迫切需要人们的抢救和扶持。相信在不久的将来,泗州戏能够再次绽放它迷人的光彩。

凤阳花鼓戏

【非物质文化遗产百科名片】	遗产项目	凤阳花鼓戏
	所属地区	安徽省滁州市凤阳县
	艺术特点	一男一女，男敲小镗锣，女打小花鼓，边歌边舞，有时增加乐器伴奏。
	传承意义	是我国劳动人民创作的艺术珍品，具有"东方芭蕾"之称，是中华民族对人类文化的贡献，也是全世界人民的共同财富，继承凤阳花鼓戏有利于我国传统文化走向世界，从而提高我国在国际上的威望和地位。

　　凤阳花鼓又称花鼓、打花鼓、花鼓小锣、双条鼓等，出现于明代，是一种融合了民间歌舞和曲艺的民间表演艺术，主要是以说唱的形式进行表演。在安徽省凤阳县的大部分地区广为流行。和花鼓灯、花鼓戏并称为"凤阳三花"。2006 年，凤阳花鼓戏经国务院批准列入第一批国家级非物质文化遗产名录。

　　清代中叶，在安徽凤阳等地区流行着一种在山歌和号子上形成的曲调，这种曲调旋律优美，文雅动听，因此常被花鼓灯艺人用来表演花鼓灯，后来在泗州戏和外来剧种的影响下，这种曲调渐渐吸收和借鉴这些曲艺中的优势，在表演、曲调、声腔等方面进行了创新，使凤阳花鼓开始向戏剧的方向转变，到清光绪年间，形成花鼓戏。

　　凤阳花鼓戏早期的表演形式是由一人或者二人自击小鼓和小锣伴奏，边舞边歌，在明清时期，凤阳是"三年恶水三年旱、三年蝗虫灾不断"的长年灾区,很多民间艺人以凤阳花鼓为乞讨手段,因此凤阳花鼓被这些逃离的艺人带到了全国各地,凤阳花鼓的名字响遍大江南北。很多地方都能看到凤阳花鼓载歌载舞的场面,花鼓戏的伴奏只有锣鼓,没有弦乐,其中的三大件(锣、鼓、铙)必不可少。

清朝中叶以后,凤阳花鼓进行了改革,把舞蹈淘汰掉了,只剩歌曲部分,分为"唱门头"和"坐唱"两种形式。早期的凤阳花鼓曲目如《凤阳歌》、《鲜花调》、《王三姐赶集》、《秧歌调》等,每一首都曾经在大江南北广为流传。尤其是《凤阳歌》即使处在 21 世纪,仍有不少地方在流传。

新中国成立以后,凤阳花鼓的形式和内容都进行了改革,凤阳花鼓在打法、演唱、舞步等方面仍保持着浓郁的地方特色,又与时俱进糅合进了现代歌舞的技巧,形式更加活泼多样,气氛更加流畅明快。凤阳花鼓蜚声国际,曾经在日本进行演出,获得极大的成功。

凤阳花鼓是我国劳动人民智慧的结晶,具有"东方芭蕾"和"凤阳一绝"的美称,在国际上具有很高的声誉,后来出现了很多以凤阳花鼓为题材的创作,所以凤阳花鼓成了全世界人民的共同财富。

木塔鸡公调

【非物质文化遗产百科名片】	遗产项目	木塔鸡公调
	所属地区	安徽省池州市东至县
	艺术特点	唱腔高亢明快、节奏快并且带有浓厚的尾音。在句间和句尾常常会出现衬字和变音,舌根翻高8度。
	传承意义	是独具特色的皖赣边界文化,具有非常丰富的历史文化价值和研究价值,传承鸡公调有利于促进对安徽地区传统文化的了解,丰富人们的精神文化生活,改善人们的文化素质修养,从而促进国家经济的发展。

　　东至县木塔乡是安徽省的东南大门,自古以来就是交通要塞,商贾往来,商贸发达,人口的流动量很大,是皖赣边的边贸重镇,随着人口流动量的增加,各地的文化也在此传播交流和融合,为木塔带来徽州文化和浮瑶文化的交融与积淀,逐渐形成边界文化大镇,底蕴丰富,光彩夺目。鸡公调就是在百家交流和融合中产生的。

　　清末民初,饶河戏腔传入到木塔乡并且与当地的民歌、歌舞、小调和戏曲相融合,逐渐形成了一种以当地方言为念白的表演形式,唱腔响亮明快,节奏快而且带有尾音,具有地方特色的剧种。主要在东至县农村流行,是农民农闲时或节日时最好的娱乐活动。演唱高腔时常在句尾和句间出现衬字和变音,而且常用舌根翻高8度,声如雄鸡报晓,所以百姓把这个新兴的剧种称为"鸡公调"。2006年,鸡公调入选非物质文化遗产名录。

　　"鸡公调"的内容丰富,具有非常丰富的文化内涵,在表演、舞蹈、舞台设计、手工工艺、唱声、服饰美术、音乐等方面都具有自己独特的特色,每年腊月开始到来年的二月二日,是鸡公调表演的活跃时期,演出地点为各村祠堂或村间空地搭台,演出没有费用,但邀请方要置办饮食和礼品,并且安排住宿。按照传统,一般表演演三出,即一场大戏两场折子戏。演出往往会吸引很多观众,人山人海,很是壮观。

演出时,演员的服饰装饰也是一独特的亮点,"鸡公调"的制作工艺主要也是体现在各类服饰上,演员所穿的服装均为丝绸面料,在上面刺各种图案和花纹,有高山流水,有鸟语花香、有百凤朝阳、有玫瑰牡丹、有龙腾虎

跃、有森林密布、有百花齐放、有瀚海平波等图案和花纹。件件是刺绣佳品,层次分明,条理清晰,色彩明艳,栩栩如生。这些刺绣具有非常高的工艺价值。

演出时分角色着装,并绘画各式脸谱,主色调为红、白、黑。根据剧情的发展和需要,演员往往做很多工作或者表情来推动情节的发展,腿部有蹬、踢、跳、抬四个踢法,手部有揽、抱、托、扶、劈、打等动作,腰部则可以扭、转、弯等。脸部也会根据情节作出喜怒哀乐的表情。较为死板的一般是演员先演唱或者念白,然后才有动作表演。

伴奏乐器主要以鼓、琴为主,还有胡、锣、梆、呐等乐器,旋律柔和优美,后台有众人帮腔,所以鸡公调的表演往往能够促动人们的感情点,现场热闹非凡。演员惟妙惟肖的逼真的演姿,更是容易获得群众的掌声。

福 建 省

<table>
<tr><td rowspan="4">【非物质文化遗产百科名片】</td><td>遗产项目</td><td>梨园戏</td></tr>
</table>

【非物质文化遗产百科名片】	遗产项目	梨园戏
	所属地区	福建省泉州市
	艺术特点	在唱念方面，要求"明句读"，讲究"喜怒哀乐，吞吐浮沉"。专曲专剧，其他剧种不能用。
	传承意义	被誉为"古南戏活化石"，具有非常丰富的历史文化价值，剧目保存了较多的古代戏文，这为研究戏曲提供翔实丰富的资料，能够填补戏曲知识中的空白之处，完善我国传统戏曲文化体系，从而更好地为社会主义现代化服务。

　　梨园戏具有非常悠久的历史，发源于宋元时期的第一大海港和贸易之地泉州，和浙江的南戏齐名，并称为"搬演南宋戏文唱念声腔"的"闽浙之音"，在福建泉州、漳州、厦门，广东潮汕及港澳台地区以及东南亚各国广泛流传，很受欢迎。梨园戏至今已有八百多年的历史。

　　在发展的过程中，梨园戏分为大梨园和小梨园，大梨园主要是成年演员组成的班社，小梨园则是儿童演员组成的班社。其中大梨园又有上路和下南之别，在南宋末年便出现了上路戏、下南戏和小梨园三种戏剧艺术形态。在三种形态中，上路戏的剧目比较古老，保留了当时南戏的剧目，下南戏则生活气息浓厚与百姓生活息息相关,而小梨园以生、旦戏见长,剧目往往取材于民间神话故事和爱情故事,三者之间既有相同之处也有分歧之处,在长时间的流传中,因为所到地域的不同,所以三者之间的差别也日趋明显。直到新中国成立后,在党和政府的支持和帮助下,三者才融合在一起,是为"梨园戏"。

经过长时间的流离失所,梨园仍然保持着独特的剧种体系。在上路戏、下南戏和小梨园之间有着一整套严格规范的表演形式,基本动作称为"十八步科母",即使后来增加的行当也严格遵守着这些规矩。整个梨园戏的唱腔属于南曲系统,念白和演唱以泉州方言为主,一字多腔,属于曲牌体,至今仍沿用太子游西门、霓裳羽衣曲等古曲牌名。曲牌体式有过曲、套曲、集曲、慢、引、近、小令和唐宋大曲中的衮等,在发展中梨园戏融合部分地区民歌,如唐宋大曲和法曲、弋阳腔、民歌等,形成独特的南曲唱腔。

在乐律和乐器方面还是沿用过去的旧制,伴奏乐器主要以琵琶、上弦为主,还有二弦、三弦、洞箫、唢呐等乐器,打击乐器则有鼓、小锣、拍板等乐器,以压脚鼓为主,打法独特,制造气氛,烘托情绪。梨园戏的行当设置沿用南戏的旧制。早期只有生、旦、净、丑、贴、外、末七个角色,也叫七子班。大梨园中则增加了老旦和二旦。

历史悠久的梨园戏的剧目种类繁多,上路戏、下南戏和小梨园都有自

己的代表曲目。上路戏的经典剧目有《朱买臣》、《朱文》、《朱寿昌》、《苏英》、《苏秦》、《刘文龙》、《孙荣》、《程鹏举》等剧目;下南戏则有《刘秀》、《刘永》、《刘大本》、《吕蒙正》、《文武生》、《百里奚》、《郑元和》等剧

目,小梨园则有《王昭君》、《杨文广》、《郭华》、《高文举》、《刘知远》等剧目。新中国成立后,也改编和创作了一些新剧目如《枫林晚》、《董生与李氏》、《节妇吟》等。

最为古老的剧种,梨园戏继承和发展了宋元时期的南戏体系,具有非常丰富的研究价值,从其翔实丰富的剧目中,可以看到南戏时期的历史发展和人文特色,所以梨园戏被称为"古南戏活化石"、"活文物"。因此,梨园戏入选非物质文化遗产名录,并得到党和政府的支持和帮助。目前,在福建的一些地方,我们仍然可以有机会一睹梨园戏的风采。

永安大腔戏

【非物质文化遗产百科名片】	遗产项目	永安大腔戏
	所属地区	福建省永安市
	艺术特点	演员戏服简单,只用红黑白三色化妆,而后挂上别具一格的须套,采用一人主唱,众人帮腔的表演形式。
	传承意义	大腔戏的很多表演形式、唱腔、音乐等方面都继承了明代戏剧,因而为研究中国戏曲史、文化史、社会生活史的研的提供了翔实的资料,被誉为"戏剧活化石"。

永安大腔戏是弋阳腔的一个流派,因为其表演方式"大锣大鼓唱大戏,大嗓子唱高腔",所以也叫大门腔。永安大腔戏起源于明代时期,主要在福建省永安市农村地区流行。永安大腔戏特有的大嗓子唱高腔的方式,能够舒缓人们的感情,因此很受百姓青睐。2006年5月20日,永安大腔戏经国

务院批准列入第一批国家级非物质文化遗产名录。

话说,明景泰年间,福建省永安市青水畲族乡丰田村熊氏家族年年派人到江西石城祭祖,在祭祖的时候,熊氏人发现当地艺人的小调旋律十分优美、动听,遂开始跟着艺人学习,熊氏人学习的这种曲艺叫做弋阳腔,当地人称为"高腔",艺成之后,熊氏人回到丰田村,并融合本地的山歌、小调、歌舞及道士音乐,以及本地的地方剧种音乐,创立了大腔戏班。后来随着熊姓家族部分成员向周边地区的迁徙,大腔戏也随着传播到了不同的地方。大腔戏成了丰田村农民在农闲或者节日时娱乐消遣。

早期的大腔戏班和弋阳腔的戏班差不多,只有十五个人,舞台设备十分简陋,剧目也很简单,演出时,舞台上通常只放些桌椅,演员的服装和装饰也尽量简化,化妆也只有最朴实的红黑白三种颜色,而后挂上须套,这是大腔戏鲜明的特色装饰。伴奏乐器也只有锣、鼓、钹、唢呐和板等几种简单的乐器。演出时司鼓坐在椅上打鼓,并且用干唱贯穿全场,与演员相互配合。

唱腔结构为曲牌体,具有旋律起伏波动大,声音高亢等特点。大腔戏的声腔字多腔少,演员演出时常常以大嗓音为主,大小嗓音相互配合,唱词多为长短句的格式,用本地方言演唱,仍保留着弋阳腔"一人主唱,众人帮腔"的特点,在演唱时,乐器锣鼓的配合很重要。

大腔戏的角色行当有"四门九行头"的说法,其中"四门"是指生、旦、净、丑行当,"九行头"则是指正生、小生、副生、正旦、小旦、夫旦、大花、二花、三花,在历史的发展中,根据需要又增加了老旦和贴旦行当。

起源于生活,大腔戏

的剧目也大多是根据民间传说和历史故事改编的,采用百姓喜闻乐见的方式来表演,目前各种传统的剧目有一百多出,主要有《白罗衫》、《黄飞虎》、《金印记》、《三代荣》、《合刀记》、《破庆阳》、《中三元》、《葵花记》、《白兔记》、《卖水记》、《取盔甲》等剧目。

作为明代戏剧的继承者,大腔戏本身拥有非常丰富和翔实的资料,这些资料对于研究戏曲史、文化史甚至明代时期的社会生活都提供了很大的依据,具有很高的研究价值。

高甲戏

【非物质文化遗产百科名片】	遗产项目	高甲戏
	所属地区	福建省泉州市
	艺术特点	初期表演装扮梁山英雄、表演武打技术等,表演轻松幽默,妙趣横生,夸张而不失实,带有浓厚的生活气息。
	传承意义	是福建地区传统的古老剧种,具有非常丰富的历史文化价值和研究价值,对完善我国戏曲的知识体系有着重要的补充作用,改善人们的文化生活,促进文化的发展,更好地为社会主义现代化建设服务。

高甲戏又名"戈甲戏"、"九角戏"、"大班"、"土班",是福建泉州最受欢迎的剧种之一,主要流行于晋州、泉州、厦门、龙溪等地和台湾省等地区,甚至还传播到了有华侨居住的南洋一带,成为闽南诸剧中流传范围最广、观众面最多的地方曲艺剧种。2006年,高甲戏入选非物质文化遗产名录。

明末清初闽南地区农村流行的一种化装游行,尤其在泉州地区。村民每到喜庆节日和迎神赛会便会装扮成梁山好汉,再配以民间歌舞、曲调、小调等音乐,在广场上排成蝴蝶阵和长蛇阵等表演各种故事,后来慢慢细化,出现专演宋江故事的戏班,称为"宋江戏"。宋江戏以武打见长,初期套用民间的"杀狮",一群艺人扮演的武士和演员装扮的雄狮搏斗。清道光年间,宋江戏表演内容逐渐丰富,表演内容有文武戏、宫廷戏、丑旦戏等,演变为合兴戏。合兴戏又吸收了京剧、昆曲和傀儡戏的精华走向专业表演的戏剧之路,随着时间的发展,宋江戏和合兴戏相互影响、交流,到清末,两个曲艺合二为一,人们把这种曲艺称为"高甲戏"。

在继承男音和木偶戏的声腔的基础上,进行了创新和改编,高甲戏形成了自己的曲牌体。演员演唱时使用真声,行腔继承了南音的清新细腻之处,但也不乏高亢雄浑之气。伴奏乐器的使用分为文场和武场,文场主要以唢呐为主,辅之以二弦、三弦、琵琶、洞箫、品箫等乐器,武场则有大小鼓、大小锣、大小钹、百鼓、响盏等乐器。唱腔和音乐甚至说唱念白中都蕴涵着浓厚的乡土气息。

早期,高甲戏的表演和声腔等方面主要借鉴于梨园戏、木偶戏、弋阳腔和京剧等曲艺剧种,并在它们的影响下逐渐形成独特的表演方式。早期的角色行当原只有生、旦、丑,后来陆续增加了净、贴、外、末和北、杂等。其中丑行是高甲戏中最具特色的地方。丑行有男丑、女丑之分,男丑又分文、武丑,细分下来丑行有几十个角色。丑行表演大多采用夸张的手法,具有诙谐幽默、活泼明智、搞笑等特点,丑行的

表演丰富,随时可以从身边的人物行为中发现特点,再加以夸张就形成了一种创新的表演,因这种表演来自民间,服务于民,所以深受百姓欢迎。

在发展中,高甲戏的演出多是以武戏、丑旦戏和公案戏居多,剧目分为大气戏、绣房戏和丑旦戏三大类,这些剧目大都是根据民间传说神话故事或者根据百姓生活故事进行改编和创新的,目前有六百多种传统剧目。合兴班时期的剧目有《狸猫换太子》、《逼官》、《困河东》、《斩黄袍》、《郭子仪拜寿》、《包公审黄菜叶》、《高奎假王球》、《杨国显失金印》等剧目,这些剧目多半是半文武的剧目。新中国成立后,在党和政府的支持下,根据现实创作了一批现代剧,如《施琅将军》、《开元序曲》、《唐宗逸事》、《唐山情》、《颠倒乾坤》、《高平关》、《真假王岫》、《南海明珠》、《审陈三》等剧目,在群众中引起很大的轰动。

四平戏

【非物质文化遗产百科名片】	遗产项目	四平戏
	所属地区	福建省屏南县、政和县
	艺术特点	皆用"土官话"的传统,前自干唱,后白领帮腔的高腔传统。
	传承意义	大批宋代南戏与明清传奇剧目的清代手抄古本,另外还保留了大量的古声腔唱法,古韵发音和武打套路,这些丰富的资料为研究戏曲史提供了很大的方便,具有很高的研究价值,甚至是传统文化的瑰宝。

四平戏又名四评戏、四坪戏、四棚戏、四蓬戏,四平戏中前自干唱,后白

领帮腔的高腔传统,是由明代中叶的高腔演变而来,因此而被誉为"中国四平戏活化石",继承了高腔的传统,主要在福建省地区广泛流行,因其唱腔、表演和剧目具有很浓郁的乡村气息,很受民众的喜欢,久久不衰。目前在屏南地区还存在四平戏的影子。

屏南位于福建省东北部,自明代继承了一人主唱、后人帮腔的高腔传统,唱腔结构形式也借鉴高腔的曲牌体,并在本地的民歌、民调和本地曲艺剧种的影响下,逐渐演变为具有屏南特色的四平戏,表演淳朴流畅,念白和唱声皆以本地方言为主,行腔自由,演唱时用假嗓来弥补真嗓的缺陷,使演唱更加优美动人,颇得观众青睐。因此,2006年,四平戏被列入非物质文化遗产名录。

屏南四平戏源于明代四平腔,明代嘉靖年间江西弋阳腔传入安徽省,并与当地的民间歌曲相融合。明末,弋阳腔开始传入福建,由于方言的关系,屏南一带称为"庶民戏"、"赐民戏"。

早期的四平戏行当只有生、旦、净、末、丑、贴、外7个角色,清初的时候发展到"九角",演员们都以"梨园艺人"来称呼自己。表演上生角强调文雅,旦角要求细腻,净角注重粗犷,丑角讲究滑稽,形成四平戏独特的表演风格。角色表演动作有腾、挪、滚、打等,随鼓缓急进退,不同角色行当的手、脚动作都有规定的口诀。各种班社开始出现,行当角色也从当初的九角发展

到十二角,同时昆山曲调和皮黄等声腔剧种传播到屏南,四平戏吸收融合了昆山和皮黄的曲调和声腔以及表演方式,其中还保留了头板、二板、倒板、叠

112

板、快板、摇板等唱腔方式。

清末民初是屏南四平戏最繁盛的时期，几乎在每个县市都能找到专业的四平戏表演，各种戏班如雨后春笋般涌出，演出剧目的种类也变得很多，虽然大多数都是以百姓生活为题材，但创作者开始注重在生活的基础上进行创新。四平戏的唱腔属于高腔系统，清新悦耳，优雅动听，在句尾帮腔处采用拖音演唱，唱白一直都以"土官话"为主，俗称"讲正字"，四平戏的剧本只有音符而无唱腔音符，有调无谱，只能以口口相传的方式代代传播下来。演出中仍然保留着高腔的音乐伴奏方式，以鼓为主导，钹、板鼓等打击乐器衬托。

在发展中，四平戏的剧目很多，传统的剧目如《荆钗记》、《刘锡》、《反五关》、《苏秦六国封相》、《崔君瑞》、《中三元》、《千里驹》、《马陵道》、《忠义烈》、《白鹦哥》、《孟宗哭竹》、《白兔记》、《拜月亭记》、《杀狗记》、《琵琶记》、《真珠衫》、《金桥箕》、《乌鸦记》、《英雄会》、《九龙阁》、《陈世美》、《芦林会》、《八卦图》等，这些剧目历经历史检验，很受百姓喜欢，是四平戏中的精品剧目。

四平戏是由清代弋阳腔演变而来，保留了大量的弋阳腔信息，并且还具有很多宋元南戏的代表剧目，这些古抄本具有非常重要的研究价值。在发展中，四平戏吸收大量的民间声腔发声之法和舞蹈以及古老的武打动作，种类繁多，这对于研究古音韵发声、古声腔唱法以及武打套路等提供了丰富的资料，所以四平戏被人们称为"中国四平戏活化石"和"明代四平腔遗响"。

闽西汉剧

遗产项目	闽西汉剧
所属地区	福建省龙岩市
艺术特点	以湖广话为基础,押中州音韵,又吸收闽西方言,表演程式十分丰富,而且各具特色。
传承意义	从中梳理出地方声腔剧种流变的基本轨迹,具有非常重要的历史文化价值和研究价值,对于完善我国戏曲声腔中的空白知识具有促进作用,从而完善我国传统文化中的曲艺部分,更好地为社会主义现代化服务。

闽西汉剧,旧称外江戏,亦称乱弹,是福建省主要地方戏曲剧种之一,清代乾隆年间,乱弹传入闽西地区,并与当地的方言和民间歌舞、曲调、小调等相融合形成独具特色的闽西地方曲艺剧种,主要流行于闽西、粤东、赣南、闽南、台湾等地区,后来慢慢地传播到了东南亚等地区。

清乾隆年间,楚南戏已经传入闽西,在宁化县祠堂戏台后壁上,发现有"乾隆丙辰(1736年)寒食节,湖南新喜堂班到此演出"的记载。清代中期,很多戏班也来到闽西各地区演出,在流传的过程中又吸收了闽西木偶、西秦戏、饶平戏以及民间音乐、曲调、歌舞等精华部分,保留了楚南戏皮黄声腔的风貌,又形成了具有闽南特色的曲艺剧种。清末民初,是闽南汉剧的兴盛时期。戏班开始大量涌现,出现了很多知名的艺人。20世纪40年代以后,开始没落。新中国成立以后,在党和政府的关心和支持下,闽西汉剧慢慢地恢复了元气,逐渐发展起来。2006 年,闽西汉剧入选第一批国家级非物质文化遗产名录。

在发展中,闽西汉剧吸收其他曲艺剧种,逐渐完善了自己的角色行当,行当有生、旦、丑、公、婆、净六大类,旦行还有武旦,老生分文、武老生,黑净分大花、二花,丑分官袍丑、方巾丑、短衣丑。此外还有彩旦、大丑。各行当之间的表演模式差异很大,既是同一个行当之间行当的表演也不相同。在闽西汉剧中的"拉山膀",就是动作细腻,刚中带柔,这是与别的剧种行当是完全不同的。

闽西汉剧的唱腔是属板腔体,以西皮、二黄为主,夹杂了昆腔、高腔、弋阳腔等声腔,并且吸收了闽西地区流行的民间曲调、歌舞、小调等不断补充声腔的种类,西皮和二黄为基本形态。在各行当中的发音方法也是有所区别的,小生、彩旦、正旦用假嗓;老生、老旦、丑用本嗓;发音和念白多以闽西本地方言和俚语为主,具有浓厚的乡村气息。

和其他剧种一样,闽西汉剧的伴奏乐器分为文场和武场,伴奏乐器主要以吊规、提胡、洋琴、小三弦为主要乐器,另外还有椰胡、中胡、阮、竹笛、唢呐、号头等民族乐器。其中吊规(又称头弦),是闽西汉剧中最具特色的乐器。

根据资料记载,现在可以查到的闽西汉剧传统剧目总数有八百多出,古典的传统剧目有《醉园》、《兰继子》、《时迁偷鸡》、《臧眉寺》、《审六曲》、《洛阳失印》、《百里奚》、《大闹开封府》、《二进宫》等,新中国成立后又根据现实生活中的故事改编了很多剧目,如《撺皮子七七》、《酒楼风波》、《三代风流》、《甲鱼缘》、《风起庭院》、《客家嫂》等剧目,这些新式的剧目一推出,在群众中引起很大的反响。

闽西汉剧中具有多种声腔,可以从中梳理出地方声腔剧种流变的基本轨迹,对完善我国的文曲史有着推动作用,从而丰富我国的传统文化,促进经济的发展和人们生活水平的提高都有着很重要的意义。

随着现代化进程的加快,闽西汉剧也面临着很多事关生存的问题,闽西汉剧的情况不容乐观,需要社会各界人士以及专家学者给予帮助。

歌仔戏

【非物质文化遗产百科名片】	遗产项目	歌仔戏
	所属地区	福建省漳州市、厦门市
	艺术特点	演员皆用真嗓演唱,没有固定的剧本,以"戏先生"讲戏并分配角色的方式演出。
	传承意义	是唯一发源于台湾的传统戏曲,歌仔戏已经成了联系两岸群众的精神纽带,保护和传承歌仔戏有利于弘扬中华民族传统文化,促进祖国统一。

歌仔戏或者歌崽戏,是发源于台湾本土的唯一剧种,是台湾人民和福建人民共同喜爱的剧种,歌仔戏经常在两岸进行演出,台湾省和福建厦门、漳州、晋江等闽南语系地区,以及东南亚华侨居住的地方广为流传。

歌仔戏距今已有一百多年的历史,据资料记载,歌仔戏是福建漳州地区的民歌——锦歌,在流传的过程中与车鼓小戏身段以及地区的民歌、小调、曲艺和舞蹈相结合形成稍具戏曲雏形的歌舞小戏。本地歌仔的演出是在庙埕空地或沿街游行表演,在民间迎神赛会上常常会看到本地歌仔的表演,歌仔戏的念词和道白均采用闽南语言,剧情是根据民间故事改编的,曲调也受到民间歌曲的影响,因而很快地便传到台北,与台北的音乐相互融合逐渐完善,在发展过程中,吸收了北管、南管、高甲戏和民间歌曲等曲调,并借鉴京剧的表演形式以及武打动作,逐渐在声腔、音乐、舞台艺术、乐器和表演上有着自己独特的体系,演变成一种内容翔实的剧种。歌仔戏很快就流传到各个地区,成为台湾地区最盛行的民间戏曲。2006年歌仔戏经国务院批准被列入第一批国家级非物质文化遗产名录。

早期的歌仔戏是由一男一女对唱为主,后来慢慢地演变为有生、旦、丑三行并兼备科、曲、白的成熟戏剧,生行有小生、老生、文生、武生,其中小生的表演注重眼神。旦行有苦旦、正旦,早期的歌仔戏主要以悲剧为主,所以正旦即是苦旦。丑角为戏曲中的甘草人物,分为三花、老婆等角色,因而丑角的主要任务就是搞笑。

在与其他剧种融合的过程中,形成了一百多种传统曲调,有《七字调》、《背思调》、《哭词》、《杂念调》、《望乡调》、《大调》等,还有从台湾民调中吸收过来的《台湾杂念调》等曲调。丰富的曲调为歌仔戏的传播奠下了很好的基础,曲调的应用并没有固定的模式,其中,《七字调》情绪波动比较大,如游乐、赏景时。悲恸时则采用哭调,哀怨时使用速度缓慢的《望乡调》。在歌仔戏音乐中,唱腔也分为独唱、对唱和齐唱三种演唱方式。

和其他剧种一样,歌仔戏的伴奏乐器分为文场和武场两种,文场主要是丝弦乐器,如

头手弦、二手弦、三弦、笛子、唢呐及鸭母达仔等乐器,武场则主要是打击乐器,如单皮鼓、堂鼓、梆子、锣、响盏等乐器。后来则加入了琵琶、革胡、电吉他、萨克斯风等乐器,乐器的种类很丰富,根据剧情的需要而选择伴奏乐器。

歌仔戏的内容以演唱民间故事为主,如《陈三五娘》、《刘秀复国》、《吕蒙正》、《什细记》、《八仙过海》、《济公传》、《梁山伯与祝英台》等经典传统剧目,以及后来创作和改编的《鉴国女侠》、《延平王复国》、《女匪干》等剧目,都具有歌仔戏的特点,有很浓厚的乡村气息。

自演出以来,歌仔戏就成了两岸艺人交流的桥梁,慢慢地已经成为维系两岸人民精神文化的一条重要纽带。保护和发展歌仔戏对于弘扬中华民族的戏曲文化,推动祖国的和平统一事业具有重要意义。然而随着社会的进步,受现代文化艺术形式和流行风尚的影响,歌仔戏现在主要只在中老年人中流行,青年人已不再对其感兴趣,这样的现状极大地影响了歌仔戏的生存和传续,需要制定措施加以保护。相信在人民政府的帮助下,歌仔戏可以重新找回往日的荣光。

江 西 省

万载花灯戏

【非物质文化遗产百科名片】	遗产项目	万载花灯戏
	所属地区	江西省宜春市万载县
	艺术特点	语言生动朴实,唱词通俗易懂,表演形式优美活泼,保持着灯彩歌舞的艺术形态,富有浓郁的乡土气息和人情味。
	传承意义	对丰富人们的文化生活有着极其重要的影响作用,能够促进人们文化素质的提高,增进人们的幸福感,更好地为社会主义现代化服务。

　　万载花灯戏,是江西地区花灯戏的代表,又叫花鼓灯,至今已有三百多年的历史。在明末清初年间,传播到当时聚集有很多移民的万载山区,并且与本地的花鼓灯相融合,形成了一种百姓喜闻乐见的花灯戏,农闲时,山区的居民白天玩灯,晚上唱戏,生活很惬意。因其具有很浓郁的乡土气息而受人们的青睐。

　　明末清初时期,赣南地区由于战争不断和官府的压迫严重,大批移民聚于万载山区,带来了早期的赣南采茶戏也称灯戏,与万载地区的花鼓戏相融合,后来又吸收民歌、民调和曲艺剧种高安丝弦戏等营养成分,形成一种唱一生一旦或一丑一旦的"对子戏"，后来发展成具有小生、小旦、小丑的"三角班"，表演方式皆是以灯带戏，这是万载花灯戏最早的形式。慢慢地花灯戏形成半班，开始表演有故事情节的脚本戏，并在其他剧种的影响下形成了在唱腔、表演等方面具有特色的地方戏曲剧种。

丰富的江南乡土气息和人情味，使得万载花灯戏具有非常迷人的魅力。最初的时候，花灯戏是采用一生一旦或者一丑一旦的表演方式，然后逐渐地演变为三角，直至八角即老生、老旦、大花、小花（丑）、生巾（小生）、姬生（正旦）、烟花旦、彩旦。在表演上各行当之间的表演方式有着很严格的区别，如旦角的基本步法是碎步，有快慢之分，而小生、小丑则分为高步、矮步，矮步又分猴拳步、螃蟹步、蛤蟆步、扫脚步、下水步、上下岭步等步法，有着极其严格的区别。花灯戏的表演活泼，具有载歌载舞的特点。

脸谱的画法则较为轻松，如小丑的脸谱可以根据剧情的需要和情节的发展，而采用不同的图案，因而具有很高的创新性。花灯戏的音乐曲调主要有"花灯调"、"小调"、"平调"三大类，其中花灯调是最原始的曲调，有些曲调还是当初赣南人移民的时候传过来的，更多是本地劳动人民的智慧成果，如"十盏花灯"、"十月插花"、"正月里来是新年"、"十贺"等曲调，旋律优美，节奏鲜明，具有很浓郁的乡村气息。小调是除花灯调外的民歌，一般都是本地小曲，通俗易懂，便于百姓接受。

在道具上，花灯戏分为文戏和武戏，文戏的道具主要是特制的手帕、折扇、花伞、花轿等，而武戏道具则是枪、刀、把子等。乐器有打击乐器和管弦乐器之分，打击乐器主要以班鼓、堂鼓、梆子、大小锣、大小钹

为主,辅之马锣、包锣、木鱼、碰铃、云板等乐器,管弦乐器则以竹笛、大小唢呐、笙、高胡为主,辅之中胡、低胡、三弦、小提琴、大提琴、长笛等乐器,后来又增加了双簧管、小号、中号、长号等乐器。

　　花灯戏的表演剧目都具有载歌载舞和旋律优美、朴实的特点,传统的剧目有《数麻雀》、《争背篓》、《双卖纱》、《三伢子钓鱼》以及《十送郎》、《十绣鞋》、《十月望郎》等很多以十开头的剧目,这些剧目均以百姓的生活为创作素材,因此深受百姓的欢迎。

弋阳腔

【非物质文化遗产百科名片】	遗产项目	弋阳腔
	所属地区	江西省弋阳县
	艺术特点	保留了徒歌与帮腔,出现了滚调,曲牌联套具有民间音乐的灵活性和随意性。
	传承意义	很多曲艺剧种和弋阳腔有着割舍不断的联系,对于研究其他剧种的演变提供了非常丰富的资料,如京腔就是在弋阳腔的基础上成立的,弋阳腔的声腔对于研究声腔的发展和演变也提供了丰富的资料,有利于完善我国戏曲史的空白。

　　弋阳腔,因其旋律高亢激越,唱腔采用真声,直抒胸怀、畅快淋漓的特点,也被人称为高腔,与海盐腔、昆山腔、余姚腔齐名,称为"四大声腔"。悠悠信江,汲取了上千年传统文化的灵气和民间艺术精华才形成了弋阳腔,其主要在江西流行,后来慢慢地传播到全国各地,对其他曲艺剧种的形成

有着很大的促进作用。2006 年,弋阳腔入选第一批国家级非物质文化遗产名录。

南宋末年,兴起于浙江的南戏通过信江传播到江西,与江西本地的民间歌曲、曲调、歌舞相结合,在当地方言和民间习俗的影响下,经过长时间的融合、创新而形成一种全新的地方腔调,因所在地为弋阳,所以人们把这种声腔叫做弋阳腔。元末明初,弋阳腔传播到徽州、福建等地,传播范围可与当时浙江的海盐腔相平衡。明朝嘉靖年间,流传到各地的弋阳腔与本地的方言民俗民调相结合产生了很多新的声腔,如潮调、调腔、太平腔等都是在弋阳腔的基础上形成的。明末清初,弋阳腔又被称为高腔,清康熙年间,传到北京,称为"京腔"。

明朝初期,弋阳腔的唱腔体系继承南戏的曲牌联套体制,其曲调多半是出于宋人词曲和里巷歌谣,并且套用不同的曲牌联系起来,保留着徒歌、帮腔等演唱方式,出自于南戏的曲牌主要有泣颜回、驻云飞、香罗带、红衲袄、山坡羊、鹧鸪天、皂罗袍、步步娇等,还有从其他曲艺中得到的新水令、端正好、点绛唇、寄生草、醉太平、快活林等曲调,继承了南戏中的"随心令"和"顺口可歌"创作传统,曲牌的格律不是很严谨,灵活性很大。另外,

弋阳腔每到一地,就与当地的方言土语结合起来形成地方化的声腔,所以弋阳腔"错用乡语"的特色在民间广为流传。

在发展中,弋阳腔以及流落到各地并与当地语言相结合形成不同种类的地方声腔,剧目大约有一百二十种,弋阳腔剧目的来源很多,有一部分继承于宋元南戏的传统戏,如《拜月亭记》、《白兔记》、《荆钗记》、《杀狗记》、《金印记》等剧目;也有从别的曲

艺剧种中进行改编和融合的,如《玉环记》、《浣纱记》、《红拂记》、《玉簪记》、《红梅记》等剧目。按照剧目的表演内容,可以分连台大戏和传奇本,连台大戏主要包括《三国传》、《水浒传》、《岳飞传》等,传奇本则包括《青梅会》、《古城会》、《定天山》等。这些剧目大都是根据历史传说和古典小说改编的,文化气息浓厚,深受百姓欢迎。

在我国戏曲史上向来有"南昆北弋"的说法,由此可见弋阳腔的影响力之大,在流传过程中,除了演变众多的声腔,弋阳腔对京剧、川剧等四十多个剧种形成产生了深远的影响,并形成了我国的高腔体系。所以传承弋阳腔的意义重大。

然而,随着社会主义现代化进程的加快,弋阳腔也面临着其他剧种一样的生存危机,希望这一极具影响力的地方剧种不会就此而失传。

广昌孟戏

【非物质文化遗产百科名片】	遗产项目	广昌孟戏
	所属地区	江西省抚州市广昌县
	艺术特点	以高腔演唱,一唱众和,多在后句的下半句帮腔,并有"杂白混唱"的特点,节奏较快,显现出简单、原始的古曲特征。
	传承意义	孟戏剧本都是古南戏的孤本,为中国戏曲和民俗的研究、继承提供了十分珍贵的资料,具有独特的艺术价值和社会学价值。

相传秦国统一天下后,为了防范北边的胡人入侵决定倾举国之财力修

建长城，杂役劳役繁重，青年男女范杞梁、孟姜女新婚三天，新郎就被官兵抓走建长城，不久后因为劳累和饥饿死了，尸骨被埋在长城角下。孟姜女跋山涉水，历经千辛万苦来到长城找丈夫，得到的却是丈夫死亡的噩耗，孟姜女悲痛不已，在长城下痛哭了三天三夜，长城崩塌，露出丈夫的尸骸，孟姜女悲痛万分乃至绝望投海而死。孟姜女庙中有楹联这样说："秦皇安在哉，万里长城筑怨；姜女未亡也，千秋片石铭贞。"

孟姜女的故事在民间可谓是家喻户晓，广昌孟戏是一种以孟姜女哭长城为题材的戏曲。广昌孟戏起源于明初，起初有三路，如今只剩下赤溪曾家孟戏和大路背刘家孟戏两路存在，孟戏一般只在正月民俗活动时演出一次。在江西省广昌县境内广泛流行。两者皆是以孟姜女的故事改编的剧本进行演出。2006 年，孟戏入选第一批国家级非物质文化遗产名录。

赤溪曾家孟戏被认为是元代的版本，属两夜连台本。元代版本中的孟姜女具有强烈的反抗意识，着意描写了孟姜女哭倒长城，绝望投海的片段，具有强烈的反封建意识，强烈地反击了封建朝廷，剧本共有 64 场戏，需要 9 个小时才能演完。赤溪孟戏唱腔多有古南曲，具有独特的艺术价值。

而大路背刘家孟戏是明传奇本，于明万历年间进行了第一次演出，获得好评，是三夜连台本。明代版本的孟姜女则显得很温和，反抗意识不是很浓,虽然孟姜女因为丈夫的死亡而悲伤,结果秦王看上她的美貌,而封为一品夫人,获赠金银。全剧分为 69 场戏,重点在于描述孟姜女的情深,需要表演 11 个小时。

广昌孟戏的唱腔属于曲牌体,以高腔为主,采用了一人主唱、众人帮腔的演唱形式,并有"杂白混唱"的特点,另外声腔里还有乐平、徽青阳等腔以及海盐腔的遗音和曲牌,这些都具有非常高的历史文化价值。而赤溪曾家孟戏的古南曲的唱腔,字多腔少,以广昌官话演唱,在演奏中用鼓、锣、钹等打击乐器伴奏,节奏较快,显现出简单原始的古曲特征,因而具有很高的研究价值。

无论是赤溪曾家孟戏,还是大路背刘家孟戏,两家的剧本都是古南戏的孤本,具有很高的历史文化价值和社会学价值,通过这些剧本可以推断出古南戏发展时期人们生存的社会环境,从而为历史研究提供更多的依据,这些资料为中国戏曲史和民俗的研究起了促进的作用。随着时代的发展,孟戏的重要性越来越突出,县政府曾多次对孟戏进行了挖掘整理和抢救,但苦于财政紧张,无法对孟戏进行全面完善的保护,很多措施和规划都没有落到实处。目前,孟戏中的演员趋于老龄化,年轻人对孟戏缺乏兴趣,孟戏传授方法都是采用言传身教的方法,很多老龄演员都面临着后继无人的危机。如果没有入选国家非物质文化遗产名录,孟戏可能会像舍溪孟戏那样湮灭在历史长河中。不过现如今,在党和政府的扶持下,孟戏正在慢慢地复苏并步入正轨。

宜黄戏

【非物质文化遗产百科名片】	遗产项目	宜黄戏
	所属地区	江西省抚州市宜黄县
	艺术特点	宜黄戏的表演粗犷、古朴。唱念做打,程式严谨;一招一式,循规蹈矩。
	传承意义	对于研究戏曲演变规律提供了许多丰富的资料,具有丰富翔实的剧本,是我国戏曲宝库中的珍品、上品,具有独特的演出欣赏价值,能够丰富人们的文化生活,提高人们的幸福感,从而为社会主义现代化提供精神食粮。

宜黄戏旧称宜黄班、宜黄调,是江西古老的剧种之一,起源于宜黄县,主要在江西的宜黄、南城、南丰、广昌等县流行,后来慢慢地传播到赣东北、赣南、闽西等地区,迄今已有四百年的历史。

在明朝的时候,宜黄戏班就已经很有名气,著名的剧作家汤显祖剧作《临川四梦》起初就是宜黄班演出的,获得极大的成功,因此人们把宜黄班的演员称为"宜伶"、"宜黄子弟",那时宜黄班是以弋阳腔为唱腔,并与本地的方言和歌曲等相结合而形成"弋阳之调绝",不久后又吸收了徽州、青阳两腔的声腔,随后宜黄班引进了海盐腔,不久后便占据了江西剧坛,盛极一时。

现在宜黄戏主要以宜黄腔为主要唱腔,早在明代时期,宜黄就是江西有名的戏曲中心,宜黄腔因产于宜黄县而得名。宜黄腔是由南方传入甘肃

的西秦腔二犯演变过来的，早期主要有
笛子伴奏的平板吹腔和唢呐二犯，清朝
乾隆年间，改胡琴为主要的伴奏乐器，并
把二犯进行统一创作了四种板式，形成
了一种新型的唱腔"胡琴腔"。宜黄戏的
曲调主要有宜黄腔（二凡）、反调（凡字）、
唢呐二凡、西皮浙调、南北词等。念白和
表演上采用宜黄官话押韵。宜黄戏的表
演粗犷、淳朴，具有江西地区独特的特色
和乡土气息，因贴近百姓生活而广受欢迎。

随着时间的发展，宜黄戏中的角色发展到近代可以分为正生、小生、老
生、副生、正旦、小旦、二旦、老旦、大花、二花、三花、四花 12 行。各行当之间
表演严谨，一招一式，皆有迹可寻。其中净角的表演大多粗犷、豪迈，如舞
剑、饮酒等动作无不透露着男人的粗野强悍之处；生角表演的则给人一种
很绅士般的感觉，如修书、阅信等，动作轻柔，文雅；旦角的表演则显得端
庄、大方，如抚琴、装扮等动作，无不透露着一股娴静的感觉。宜黄戏保留着
许多古老的戏曲传统，如跑马就继承了元明时期将马形扎于身上，随着音
乐和伴奏作出跑马的身段。这些古老的表演方式早就在其他剧种中消失
了，唯有宜黄戏保存了下来。

宜黄戏的传统剧目约有五百种，但绝大多数已经失传。《清官册》、《药
茶记》、《三官堂》、《奇双配》、《四国齐》、《雌雄鞭》、《庆阳图》、《双龙会》、《上
天台》、《老君堂》、《飞龙传》、《月明楼》、《江东桥》、《春秋配》、《龙凤阁》、《拷
打春桃》、《八仙飘海》、《卖梨招亲》等皆是其代表性剧目。

作为古老的剧种，宜黄戏除了历史悠久，还具有非常丰富翔实的剧目。
传统的剧目约有五百出，在时间的洪流中大部分剧本已经失传，传统的剧

目有《肉龙头》、《松蓬会》、《宝莲灯》、《万里侯》、《下河东》、《双龙会》、《上天台》、《黄金塔》、《定中原》、《锁五龙》、《月明楼》、《江东桥》、《春秋配》等,新中国成立后,剧团对传统的剧目进行挖掘和处理,如《龙凤阁》、《奇双配》、《朱砂印》、《拦江救主》、《拷打春桃》等剧目就是这时挖掘出来的。进行改编的主要有《八仙飘海》、《卖梨招亲》、《陈琳拷寇》等剧目,还有根据现实生活故事创作的《焦裕禄》、《革命女儿》、《送郎当红军》、《山城春晓》、《兄弟,开枪吧》等新的宜黄戏。

然而随着经济发展进程的加快和西方文化的传播,传统的宜黄戏与现代社会冲突之处越来越多,在其他剧种发生的事情如今也降落在宜黄戏的身上,这个古老的剧种面临着严峻的生存危机。急需人们的抢救和保护。2006年,宜黄戏经国务院批准被列入第一批国家级非物质文化遗产名录。政府正在组织学者对宜黄戏进行全面妥善的保护和根据时代需要进行创新,以便使其重新走入人们的视线,引起人们的青睐。

采茶戏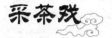

【非物质文化遗产百科名片】	遗产项目	采茶戏
	所属地区	江西省赣州市
	艺术特点	表演欢快，诙谐风趣，载歌载舞，喜剧性强，富有浓郁的乡土气息，颇受群众喜爱。
	传承意义	采茶戏渐渐在赣南地区形成了一种茶文化，而且是茶叶文化在戏曲领域派生或戏曲文化吸收茶叶文化形成的一种灿烂文化，是我国戏曲中较为独特的一部分，丰富了我国曲艺剧种的种类，对研究赣南地区的社会风俗有着很重要的作用。

采茶戏主要在我国南方盛产茶叶的地方广为流行，如江西、湖北、湖南、安徽、福建、广东、广西等地区，其中尤以江西为最，在省内因为流传的地方不同，便冠以地方名来进行区别，如江西地区就有赣南采茶戏、抚州采茶戏、南昌采茶戏、高安采茶戏、武宁采茶戏、赣东采茶戏、吉安采茶戏、景德镇采茶戏和宁都采茶戏等，我们以赣南采茶戏来说明这个曲艺的声腔、表演、剧目以及它的发展历史。

明朝时期，在赣南、赣北、赣东茶区每到了谷雨季节，采茶的女子便会上山采茶，她们背着小篓筐，一边采茶一边唱着一些旋律轻快的山歌，来鼓舞人们的劳动热情，这样的歌曲被人们称为采茶歌，采茶歌最早只是唱小调，每句仅有四句唱词，活泼生动，委婉动听。后来有采茶小曲慢慢地合在一起组成采茶歌联唱，与民间舞蹈相融合进入元宵灯彩行列，是为"采茶灯"。2006年,经国务院批准采茶戏入选非物质文化遗产名录。

茶农们为了款待远道而来的商茶客,常常用采茶灯进行表演。随后在其中增加了关于茶文化的更多内容,如开茶山、炒茶、送哥卖茶、盘茶等。这种采茶灯的演出拥有了简单的故事情节,采茶戏初现雏形。随着时间的发展,采茶戏中增加了其他的生活素材创作了如《挖笋》、《补皮鞋》、《捡田螺》、《卖花线》、《磨豆腐》等民间气息浓郁的剧目,这些剧目采用采茶调演唱,采用一人主唱众人附和的方式,人们称为"采茶戏"。

采茶戏的传统曲牌有280余首,按照来源和使用情况,可分为"茶腔"、"灯腔"、"路腔"、"杂调"四类。采茶戏中最具特色的要属三子,即步子、袖子、扇子。步子指的是矮子步,这是劳动人民智慧的结晶,在山区出门就有弯腰屈膝的登山,由此创作了独特的矮子步。袖子则指的是表演中只有一个左袖筒;三子相互配合形成强悍的舞台效果,载歌载舞,显示出浓郁的乡土气息。

在表演中,采茶戏多以小戏为主,即只有小生、小旦、小丑三个行当,传统的剧目有《大功夫》、《小功夫》、《钓》、《南山耕田》、《打猪草》、《三姐妹观灯》、《妹子》、《送哥卖茶》、《同年》、《上广东》、《卖花线》、《卖杂货》、《大劝夫》、《九龙山摘茶》、《四姐反情》等代表性剧目。新中国成立以后,创作家根据现实生活创作了一批新的剧本,很受百姓欢迎,其中《怎么谈不拢》、《茶

童戏主》、《风雨姐妹花》等剧目先后被搬上银幕。

采茶戏是在独特的地域中形成的独特的剧种，因它采用百姓喜闻乐见的方式，又以当地百姓生活为创作素材，因而很快就成了当地家喻户晓、人人喜爱的地方戏。采茶戏已经不再是单纯的歌曲，而是在采茶戏的基础上逐渐形成了对人们生活以及精神产生深远影响的茶文化，茶文化成了研究江西地区语言、艺术及民俗文化的重要材料。

山 东 省

柳子戏

【非物质文化遗产百科名片】

遗产项目	柳子戏
所属地区	山东省菏泽市
艺术特点	唱腔以民间俗曲和柳子调为主，表演较为粗犷豪迈、风格独特,对打的时候采用真刀真枪。
传承意义	对研究明清时期的戏曲音乐现象具有重要的作用及参考借鉴价值,另外对于我国的戏曲史有着重要的补充作用,对研究明代、元代音乐提供非常重要的资料,从而丰富我国的传统文化体系,更好地为社会主义现代化服务。

在我国的戏曲史上曾经有过"东柳、西梆、南昆、北弋"的说法,东柳指的就是山东的柳子戏。柳子戏又名弦子戏,亦称北调子、糠窝子,主要在以菏泽、济宁、徐州为中心的鲁苏豫皖冀五省交界的县乡地区传播,因其采用说唱方式,剧本的创作根据民间生活为依据,采取百姓喜闻乐见的方式而深受百姓青睐,是我国最为古老的声腔之一。

元朝和明朝在民间流行一种俗曲小令,柳子戏就是在这种小令的基础上,再加上吸收了高腔、昆腔、青阳、乱弹、皮黄等声腔的唱腔、表演形式、曲调等精华部分,逐渐发展演变而成,在曲子中有一种类似说唱的曲调柳子调，很受百姓喜欢，因而命名柳子戏。到乾隆年间，柳子戏已经在山东、河南一带广为传播。以后出现了众多的戏班，柳子戏走向盛名时期。2006 年，柳子戏入选第一批国家级非物质文化遗产名录。

　　在演出中，柳子戏的表演保留了山东地区人们豪爽乐观、粗犷豪迈的精神，人物动作的设计，惟妙惟肖，生活气息浓厚。柳子戏的唱腔主要以俗曲和柳子调为主，其中俗曲部分的影响较重，曲调一般分为越调、昆调、二八调、平调、下调、转调等，俗曲的曲调委婉曲折，细腻多转，能够表达较为复杂的感情，素有"九腔十八调，七十二咳咳"之称，演唱时可以采用"挂叙"的方法，在长短句中插入较多的唱词，以来表演较为复杂的感情。柳子调则是在俗曲小令的基础上借鉴其他声腔形成的，这种来源不同的声腔使得柳子调显得复杂，种类繁多，多彩多姿，能够适应多种多样的剧情需要。

　　表演中的伴奏乐器主要以竹笛、笙、三弦，其中笛和三弦构成的支声复调被艺人们称为"严丝合缝"、"风雨不透"。在柳子戏中，丝竹乐器称为文场，打击乐器为武场，文场除了竹笛、笙、三弦，还有唢呐；而武场则有板鼓、堂鼓、大小锣、手镲、小镲、四大扇等乐器，音调鲜明。

　　历史上柳子戏传统行当分为四生、四旦、四花脸、三大门头十二行。在发展中逐渐形成较为齐全的角色行当生、旦、净、末、丑五大门类。分工细致，各行之间有着严格的规则。生行有净面文生、武生、白胡老生、架子生、袖生等之分，旦行包括闺门旦、老旦、武旦、彩旦等，净行多扮演好汉、官员一类人物，有红净、黑脸等行当，丑行表演诙谐幽默、主要演一些生活气息较浓的人物，则分为文丑、武丑等行当。

历史悠久的柳子戏剧目种类较多,内容翔实,传统的剧目有两百多出,其代表剧目包括《燕青打擂》、《白兔记》、《孙安动本》、《打登州》、《张飞闯辕门》、《玩会跳船》、《金锁记》、《抱妆盒》、《鞭打芦花》、《锯大缸》等。剧目中多是根据历史题材改编和创作的,这些剧目久经演出,受得住群众考验。

柳子戏中保留了六百多支的曲牌,对于明清时期的古典音乐的研究提供了重要的翔实的资料,这些资料还对研究我国的戏曲史、元代散曲都具有独一无二的价值,对完善我国传统的文化体系有着重要的作用。而且,柳子戏中的剧目大都是劝人向善、寓教于乐,这为推动社会发展,推动人们的精神素质修养和道德价值观,以及改善人们的生活条件有着极其重要的作用。

柳琴戏

	遗产项目	柳琴戏
	所属地区	山东省临沂市
	艺术特点	唱腔非常独特,地域特色鲜明,在演出中演员可以按照自己的理解进行即兴发挥。
	传承意义	柳琴戏是一种地域载体,对人们的文化生活有着极其紧密的联系,传承柳琴戏有利于丰富人们的精神文化生活,改善人们的价值观,提高幸福感。

柳琴戏俗称拉魂腔,又有拉呼腔、拉后腔等称呼,是由鲁南民间小调为基础并不断借鉴其他的曲艺剧种和民间小调、曲调、歌曲等形成的一种曲

调优美，具有惊魂摄魄魅力的
新曲艺剧种，主要在山东、江
苏、安徽、河南等地广为流行，
很多地方曲艺剧种就是在借鉴
柳琴戏的基础上成立的，新中
国成立后，正式更名为柳琴戏。

清朝中期，在鲁南地区逐
渐形成一种以鲁南小调为基
础，吸收柳子戏的精华部分形成的新曲艺剧种，柳琴戏的发展经过 4 个阶
段；在最早的说唱时期，农闲时半农半艺的演员，走乡串里"唱门子"乞讨，
这种沿门唱戏的形式，没有服装道具也没有伴奏乐器，具有原始戏曲的特
征。清朝时期，出现了很多柳琴戏戏班，这时的柳琴戏已经有伴奏乐器、服
装道具，甚至开始化妆，这段时间柳琴戏达到了鼎盛时期。清末民初，柳琴
戏的角色行当逐渐完善，并出现能够演大型戏的戏班，柳琴戏进入舞台表
演时期。民国以后，柳琴戏成了市民娱乐生活的主要内容，并于 1953 年正
式称为柳琴戏。2006 年，柳琴戏入选非物质文化遗产名录。

在柳琴戏中，最大的特点就是怡心调，即在表演中演员可以根据剧情
以及自己的理解进行发挥和创造，并不拘泥，自由变化。在表演中，男腔显
得粗犷豪迈，荡气回肠；女腔则显得婉转悠扬，回味无穷。唱腔主要以徵调
式与宫调式为主，徵调式旋律显得比较柔软和细腻，而宫调式则大方和明
快。曲调主要有哈弦、起板、导板、连板起、拉腔、调板等，其板式主要分为澄
清板、二行板、数板、紧板和五字紧板等。曲牌则主要有朝天子、走马出兵、
抱妆台、云灯、建都、三清曲、游场等，柳琴戏具有载歌载舞的特点，具有非
常浓郁的乡土气息，很受人们的喜欢。

伴奏中文场主要以柳琴、土琵琶、笛子为主，辅之笙、管、二胡、小三弦、

唢呐等乐器,武场则是以传统的"四大件"为主,后来还利用了电声乐器。传统的角色行当生、旦、净、末、丑在柳琴戏中却有另外的称呼,如小头、二头、老头、老拐、毛腿子等,其中小头即闺门旦,老头是老旦,老拐是彩旦,二头即青衣,而毛腿子则是花脸或者小丑,柳琴戏的表演别具一格,节奏鲜明,带有民间歌舞的特点。

柳琴戏的传统剧目可以分为本戏、折子戏、连台本戏三大类,共有两百多出,比较有影响力的剧目有《鲜花记》、《雁门关》、《小书房》、《四平山》、《白罗衫》、《喝面叶》、《断双钉》、《八盘山》、《小鳌山》、《鱼篮记》等。

在长期发展中,柳琴戏借鉴其他曲艺剧种的优势形成了独具一格的新剧种,却也保留了其他曲艺剧种的特征,传承柳琴戏有利于了解这些剧种的声腔演变方式,以及柳琴戏所代表的山东地区的文化内涵,都具有非常重要的作用。

五音戏

【非物质文化遗产百科名片】	遗产项目	五音戏
	所属地区	山东省淄博市
	艺术特点	表演时先吐字,后行腔,曲调口语化,调腔旋律变化多端,剧词含有非常丰富的乡土色彩,具有民间口头文学的特点。
	传承意义	五音戏植根民间,早已是民间自娱自乐不可缺少的艺术形态,对丰富人们的文化生活有着极其重要的作用,鼓励人们更好地为社会主义现代化作贡献。

五音戏,原名肘鼓子(或周姑子)戏,由周姑戏演变而成。起源于山东省

的章丘、历城一带,因其旋律优美、语言风趣幽默,具有浓厚的地方特色而为人们所喜爱,传播到周边的城市济南、淄博、滨州、潍坊等地,并与当地的民间生活及风俗方言等相结合,逐渐成了这些地区百姓农闲时最好的文化娱乐活动。

据说,古时候章丘、历城一带,在农闲或者节日时期,农民自发组织起来,用边舞边唱的秧歌形式,祈祷天降丰年,国泰民安,节目很热闹吸引了很多人来参加,慢慢地创作以民间生活为素材的小剧目,这些剧目保留了"秧歌腔"中的"逗歌"曲牌,表演中也是模仿劳动人们的动作,具有很强烈的生活气息。这种保留着秧歌痕迹的表演便是早期的五音戏的最初形态。后来由于天灾人祸,农民被迫去乞讨,乞讨中三五个人聚在一起唱歌乞讨,这种形式被老百姓称为"五人班"。后来五人班经常与山东梆子、吕剧同台演出,相继出现很多五人班的演出队伍,红极一时的五人班却没有正规的名字,人们便从百代唱片公司赠给邓洪山的"五音泰斗"的锦旗得到启发,称这种戏为"五音戏"。新中国成立初期,五音戏社团开始上演《拾玉镯》、《王二姐思夫》、《小两口回娘家》等剧目,1954年,五音社参加了山东省及华东区戏曲观摩演出大会,并获得一等奖。五音戏演出由民间演唱走上了正规的舞台表演。

在借鉴其他曲艺剧种的精华部分,五音戏形成了自己独特的表演方式,如先吐字,后行腔,曲调也尽量口语化,腔调旋律变化多端,起伏大的特点。五音戏的剧词,也采用本地的方言,以百姓生活用语来提炼剧词,群众词汇丰富,具

有浓厚的乡土气息，具有民间口头文学的特点。早期，表演主要以小戏为主，只有打击乐器伴奏，小戏也多是根据百姓故事而改编的，后来在表演中添加了文场伴奏，剧目素材的来源也变得多样化。

据统计，五音戏的传统剧目有160余出，代表剧目有《松林会》、《拐磨子》、《王定保借当》、《王婆说媒》、《彩楼记》、《安安送米》、《墙头记》、《王林休妻》、《乡里妈妈》、《王二姐思夫》、《张四姐落凡》、《赵美蓉观灯》、《王小二赶脚》、《亲家顶嘴》等。这些事多是描述民间生活琐事，因此贴近百姓生活，具有浓烈的乡村色彩，很受老百姓青睐。

五音戏产生于民间，自出现以来就与民众的生活相关，在时间的洪流中，五音戏早已成为老百姓生活中不可缺少的一部分，对老百姓的生活以及精神文化都产生了深远的影响，五音戏早已成了流传地区精神文化的象征，另外传承五音戏也有利于丰富我国的传统文化，完善我国的曲艺剧种的种类和内容。

近年来，经济全球化带来的急剧变革给五音戏带来了极大的影响和冲击，地方政府财政不足，导致一些补救措施无法真正地实施，五音戏面临的情况越来越糟糕，这一古老的剧种面临着失传的危险。因此，2006年五音戏被列入非物质文化遗产名录，在党和政府的保护下积极地发展。

茂腔

【非物质文化遗产百科名片】	遗产项目	茂腔
	所属地区	山东省高密市、胶州市
	艺术特点	茂腔曲调质朴自然,唱腔委婉幽怨,通俗易懂,深受山东半岛居民的喜爱。茂腔中女腔尤为发达,给人以悲凉哀怨之感,最能引起妇女们的共鸣。
	传承意义	在时间的洪流中,茂腔早已与百姓的生活融为一体,成为百姓的精神文化的象征,具有非常高的感染力和生命力,完善丰富我国传统的剧种种类,丰富我国的传统文化都有着极其重要的意义。

　　自茂腔出现以来,迄今已有两百多年的历史。茂腔,又名肘鼓子、周姑子、轴棍子、正歌子等,主要在山东省的东部沿海如青岛、烟台、日照、潍坊等地区的几十个县市广泛流行,被称为"胶州之花"。因为其表演内容多与百姓生活相关,唱词更是采用本地方言口语化,故而易被百姓接受和喜欢,影响深远。2006 年,茂腔入选第一批国家级非物质文化遗产名录。

　　茂腔也是由"周姑调"发展而来。据说,清康熙年间,有一个貌美的尼姑每天去山上打水,口中都唱着一种旋律优美动听的调子,山上的猎人听到后,惊为天籁,由于这位尼姑姓周,所以猎人把这个小调称为"周姑调",后来这个调子便由猎人传播到山下,周姑调慢慢地就流行起来。村民们在唱曲调时候习惯用肘悬小鼓拍击节奏演唱,所以也被称为"肘子鼓"。道光年间,茂腔已在山东半岛广为流行,在流传中又吸收和融合本地花鼓秧歌等唱腔和表演形式而发展成"本肘鼓"。到了20世纪，出现了茂腔戏班，拥有独创的剧目，演员表演时也进行简单的化妆，这是茂腔发展为地方戏的雏形。20年代京剧、河北梆子等曲艺剧种也传播到山东半岛，为了增加吸引力，茂腔在保持着风格的基础上借鉴这些剧种的长处，在表演、声腔、舞台等方面都形成了比较完善的体系，作为一个地方剧种也更加完备。不久后，政府对高腔进行了抢救，名字也由茂肘鼓改为茂腔。

在对曲调和旋律的处理上，茂腔尽量将其口语化，因带有浓厚的乡音，通俗易懂，声音显得悠扬，尤其是女腔唱起来的时候，委婉幽怨，给人无尽的悲凉哀怨之感，这些剧目也多是写男女爱情、伦理道德的故事，尤其受女性观众的喜欢，因此茂腔也被人称为"拴老婆撅子戏"。

早期的伴奏乐器只有简单的鼓、钹、锣等打击乐伴奏，后来采用柳琴伴奏，进入青岛后，受京剧、梆子等剧种的影响，采用京胡、二胡、月琴等乐器，后来进一步添加了笛、笙、低胡、扬琴等民族乐器。随着伴奏乐器体系的完善，茂腔行当也变得完善。由当初的生、旦、丑向京剧行当看齐，分工更加细致。但茂腔仍保留了自己独特色彩的茂腔锣鼓点。

经过几代艺人的整理和创作改编，茂腔传统的剧目大约有一百出，茂

腔还有许多传统保留剧目，如四大京和八大记，其中四大京指的是《东京》、《南京》、《北京》、《西京》剧目，八大记则是指《罗衫记》、《玉杯记》、《火龙记》、《风筝记》、《金刀记》、《绣鞋记》、《丝兰记》8个剧目，这些剧目是茂腔的看家戏。这些剧目人物形象鲜明丰满，剧情丰富，转折点多，能够吸引人们入戏，久演不衰。

在时间的洪流中,茂腔早已成为人们文化生活的一部分,成了人们的精神象征,即使随着市场经济和现代科技的发展,人们的生活方式及审美观都发生了改变,年轻人对茂腔感兴趣的越来越少,演出减少导致剧团的经费紧张,演员被迫转入其他行当,茂腔的很多绝艺面临着失传,党和政府了解到茂腔目前的困境,已经派遣大量的学者进行挖掘整理。

一勾勾

【非物质文化遗产百科名片】	遗产项目	一勾勾
	所属地区	山东省德州市临邑县
	艺术特点	唱腔特色是真声吐字,假声托腔和唱字无腔,先把字送入人耳,然后行腔一勾,伴奏过门花噪好听,造成和谐的效果。
	传承意义	一勾勾在山东具有广泛的群众基础,风格独特,具有浓厚的地方气息,是花鼓戏中较为典型的剧种,具有非常丰富的历史文化、审美等价值,对于研究我国的曲艺发展以及演变具有很重要的作用。

一勾勾是发源于山东禹城、高唐一带的古老的稀有剧种之一,在表演中其唱腔在上下句结束的时候,总要以假声来衬托一下,常出现七度、八度的大跳,因而被称为一勾勾。又因其在伴奏乐器主弦四弦胡琴而称为“四根弦”或“四音”。主要在山东省以及河南省东部和河北省南部广为流行。

明代时期,在山东禹城一带盛行着花鼓戏,受梆子戏的影响而形成了风格独特的一勾勾。一勾勾的名字来源是这样的:由于唱腔中带有一讴或一吼,演唱中一讴吼、一讴吼的,时间久远了,老百姓就把它形象化地叫做一勾勾。一勾勾采用百姓喜闻乐见的方式,曲调淳朴自然,活泼,是当地人民自然流露的一种声腔,因此深受人们喜欢。因此,在 2006 年,一勾勾被列为国家级非物质文化遗产。

在流传过程中,因为流传地域的不同,一勾勾也有着不同的名字。在武城、夏津和高塘一带被叫做四音戏,巨野、东平则因为伴奏乐器以"四弦"为主称为四根弦,在惠民一带则被叫做河西柳等。清末民初,唱一勾勾的人渐多,人才辈出,如大白桃、三十二坛醋等代表人物,演唱入情入神,深受百姓欢迎。后来,流传到河北、河南等地,甚至西至邯郸、石家庄的丝弦剧团,也和一勾勾有着很深的渊源。20 世纪 50 年代成立了第一个一勾勾剧团。

早期的一勾勾伴奏只有四弦、板胡等简单乐器,后来加入了四弦、板胡、笛子、二胡、三弦、笙等乐器。唱腔板式主要有头板、二板、三板,并辅之安板、尖板、导板、甩板等板式,后来又创作了一个快板,唱腔讲究通俗易懂或者容易打动人。唱腔分为男腔和女腔,男腔的声音比较阳刚、粗犷。女腔则显得优柔,委婉。一勾勾的音乐旋律优美,曲调则显得质朴自然,如山坡羊、娃儿娃儿等曲调,皆是以民间生活为素材进行创作,很受百姓青睐,并有坚实的群众基础。

由于一勾勾采用口传心授为主的传承方法,所以文字记载的东西不多,目前知道的一勾勾的剧目有七十多个,比较有影响力的剧目如《梁山伯与祝英台》、《女驸马》、《三进士》、《东秦》、《西秦》、《胡林抢亲》、《坐楼杀惜》等。后来还排演了许多现代戏如《红梅》、《洪湖赤卫队》、《巧遇》、《社长的女儿》、《刘胡兰》、《三世仇》《丰收之后》、《夺印》、

《前沿人家》、《迎春花》等剧目,深受百姓欢迎。

在时间的洪流中,一勾勾拥有着广泛的群众基础,而且它独具一格的表演方式,更是给观众留下了深远的影响,作为花鼓戏较为典型的剧种,具有非常丰富的历史文化、审美等价值,对于研究我国的曲艺发展以及演变具有很重要的作用。

然而随着时间的发展和经济社会等方面的变革,一勾勾面临着很多的危机,首先一勾勾的剧团已经取消了。二是演员断层,目前都是一些老演员。三是缺乏继承人,仅有的几个老艺人已近古稀之年,再不进行抢救,一勾勾就真的要失传了。

济南吕剧

【非物质文化遗产百科名片】	遗产项目	济南吕剧
	所属地区	山东省济南市
	艺术特点	讲究以字设腔,以情带声,吐字清晰、口语自然,男女腔均用真声为主,个别高音之处则采用真假声结合的方法处理,听起来自然流畅。
	传承意义	吕剧是遍及山东、享誉全国的剧种,具有非常丰富的历史文化价值和研究价值,对丰富人们的文化生活有着极其重要的影响作用,能够促进人们文化素质的提高,增进人们的幸福感,更好地为社会主义现代化服务。

吕剧,又名化装扬琴、琴戏,是山东省地方曲艺剧种之一,起源于民间说唱艺术山东琴书,并在此基础上发展演变而来的,主要在山东、江苏、安

徽等地流行。据说东营市是吕剧的发源地，而东营区牛庄镇的民间艺人时殿元等是吕剧的主要创始人。当时时殿元曾以纸糊毛驴，化装演唱《王小赶脚》，人们便把它称为驴戏，由于这个称号欠雅，经一些文人的推敲音译成了"吕戏"。2006年，吕剧列入非物质文化遗产名录。

　　山东琴书最早出现在山东的西南地区，因为其采用说唱方式，说唱的内容多是与百姓生活相关的故事，因而深受百姓欢迎。后来分为南、北、东三路开始传播。清光绪年间，山东琴书传入东营广饶北部。当时黄河常常泛滥，为了生存和生命安全，穷苦百姓不得不背井离乡，流离失所，一路以讨饭为生，为了舒缓心中的痛苦，很多人学起了唱戏，山东琴书流传到这里后，更是得到许多人的喜欢，以此作为谋生手段。1896年，琴书在东营开始普及，出现了很多职业琴书艺人，像张兰田、张志田、商秀岭、时殿元等著名的艺人。其中时殿元在其他曲艺剧种的影响下，创新了琴书的演出形式，由坐唱改为化妆演出，首创化装扬琴，并因此成为吕剧的主要创始人。

　　为了生存，吕剧扎根于百姓之中，以百姓生活为题材，其唱腔和曲调尽量采取口语化的特点，曲调和剧词具有通俗易懂、简单朴实、优美动听等特点，唱腔以板腔体为主，兼唱曲牌。基本板式有四平、垛子板和流水、娃娃四种。男女腔均用真声为主，在高音处常常采用假嗓来补充不足处，使其听起来自然流畅，浑然一体。唱腔中讲究以字设腔，以情带声，常常采用滑音、颤音、装饰音等来润腔，与主要伴奏乐器坠琴的柔音、颤音等相互配合，相互融合，使其听起来自然，不做作。另外在演唱上，吕剧用的是北方语系的济南官话，用这些语言使剧词变

得通俗易懂,便于被百姓接受。在剧目创作中,常常采用群众语言来进行创作,因此很受百姓喜欢。

伴奏乐器和其他剧种一样分为文场和武场。文场是以坠琴、扬琴为主,辅之二胡、三弦、琵琶、笛子、唢呐等乐器,根据剧情和故事情节酌情添加或删减。新中国成立后,文场中又吸收了一些西洋管弦乐器。武场伴奏乐器主要有皮鼓、板、大小锣、大铙钹、堂鼓、打鼓等。打击乐器的使用主要是根据京剧中打击乐器的使用规定而借鉴过来的,在伴奏中经常采用学舌的方式进行伴奏。

按照演出场数和时间以及剧情等区别,吕剧的剧目可以分为两类,一种是它的基本戏,也是早期最主要的形式——小戏和单中出戏,另一种则是在吕剧成熟后,根据群众需要创作的大戏——连台本戏。吕剧中的《小姑贤》、《小借年》、《王定保借当》等剧目都是属于小戏;而《金鞭记》、《金镯玉环记》、《五女兴唐》、《李二嫂改嫁》、《合家欢》、《双换亲》、《白蛇传》、《秦雪梅观画》、《金玉奴》等剧目则属于连台本戏。其中《李二嫂改嫁》的演出更是让吕剧红遍大江南北。

吕剧是遍及山东、享誉全国的剧种,具有非常丰富的历史文化价值和研究价值,对丰富人们的文化生活有着极其重要的影响作用,能够促进人们文化素质的提高,增进人们的幸福感,更好地为社会主义现代化服务。

第四章
中南地区戏剧

河南省

豫剧

【非物质文化遗产百科名片】	遗产项目	豫剧
	所属地区	河南省
	艺术特点	以唱工见长,豫剧唱腔铿锵有力,富有热情奔放的阳刚之气,具有强大的情感力度。其次豫剧质朴通俗、本色自然,更紧贴老百姓的生活。
	传承意义	豫剧是在中原文化和黄河文化的影响下形成的,在各个方面具有独特的地方风格,成为河南地区百姓的精神象征,是人们文化娱乐生活中必不可少的部分,它本身所凝注着丰富的文化内涵和研究价值,是我国戏曲宝库中的珍贵财富。

　　豫剧又名"河南梆子"、"河南高调",在早期的演出中高音部分常常用假音来辅助,声音中带"讴",所以也叫"河南讴",豫西山区更是根据其鲜明的铿锵有力唱腔方式称之为靠山吼。豫剧主要在黄河、淮河流域流行,在全国各地都建立了专业的豫剧团,是我国地方戏最大的曲艺剧种。

　　宋朝时期,在开封地区,具有丰富的乐舞活动,开封作为首都经济发达,人口稠密,到处都是可以观看演出的勾栏,一个勾栏可以容下数千观众,已经开始上演大型剧目。明朝末期,蒲州梆子和秦腔传入了河南地区,并与本地的民歌、小调相结合而形成新的曲艺剧种河南梆子,到了清朝,梆子戏已经非常流行,并与其他剧种一起登台演出,开始出现专业的科班,并传授学徒。民国后,河南梆子开始频繁地在城市演出,梆子戏活跃一时。1935年成立了专业的豫声戏剧学社,并开始对戏班进行了改革,对舞台、表演艺术、唱腔等方面都进行了革新。抗日战争时期,创作了揭露日本人侵略罪行的现代戏《打土地》,翻开了豫剧新的一面。到20世纪50年代,豫剧已经成为流行较广的曲艺剧种之一,1951年,河南梆子更名为豫剧,其后在演出中公开打出了豫剧的旗号。2006年,豫剧被列入非物质文化遗产名录。

从河南梆子发展而来的豫剧,其音乐唱腔也保留着梆子板式变化体,其主要板式有二八板、慢板、流水板、散板四种。其中二八板豫剧是四大板式中表现力最强,最具感染力,其可以分为慢二八板、中二八板、二八连板、快二八板、紧二八板、紧打慢唱等板式,主要用于述事。慢板类主要有慢板、金钩挂、反金钩挂、迎风板等板式。流水板也是豫剧中常用的板式之一,可以分为流水板、慢流水板、快流水板、流水连板等板式,主要用于表现欢快活泼的情景,也可以表达压抑、悲伤的感情。飞板属于散板类,有哭韵、行韵和绝韵三种格式,哭韵用于表达悲伤的感情,行韵用于表达吐诉叙述,而绝韵则表达果断利索的感情。四大板式的唱词常常是用"三、三、四"格律的十字句,或"二、二、三"格律的七字句和一些长短句。

早期的豫剧文场乐器以大弦、二弦、三弦为主,后来逐渐添加了中音板胡、二胡、琵琶、竹笛、笙、闷子等乐器,新中国成立后,还增加西洋铜管、木管乐器。武

场伴奏则是以板鼓、堂鼓、大小锣、手镲和梆子等打击乐器为主。豫剧中常用的伴奏曲牌有三百多个,其中将近一半为唢呐曲牌,大汉东山、大桃红、春来到、红绣鞋、娃娃等都是常用的唢呐曲牌。

"四生"、"四旦"、"四花脸"是豫剧角色行当的简称,四生指的是老生、大红脸、二红脸、小生;四旦指的是正旦、闺门旦、老旦、帅旦;四花脸指的是黑头、大花脸、二花脸、三花脸。各行当都有自己的表演要诀,彼此间有着严格的规定,如彩旦的表演要诀是"斜眼偷看人,说话咬嘴唇;一扭浑身动,走路甩汗巾",丰富的表演方式使得豫剧获得了观众的认可,丰富的种类繁多的表演形式满足了不同层次面观众的胃口,因此深受百姓青睐。

豫剧具有丰富的剧目资源,传统的剧目更是达千种之多,素材大多是历史小说、演义和描写婚姻爱情的故事,新中国成立后改编和创作了很多现代戏。关于传统的剧目曾有"唐三千、宋八百,唱不完的三列国"的说法,《春秋配》、《牧羊卷》、《红娘》、《借妻》、《破洪州》、《花木兰》、《穆桂英挂帅》、《对花枪》等都是较为有影响力的剧目。后来改编的《朝阳沟》、《刘胡兰》、《李双双》、《人欢马叫》等现代戏很受观众的喜欢,其中很多剧目摄制成影片。

来源于百姓,成长于百姓,豫剧成了河南等地区精神文化的象征,成为我国民族戏曲宝库中的珍贵财富。然而,由于经济全球化的飞速发展,人们的人生观和审美观都发生了很大的改变,豫剧很多剧目都几近失传,抢救和保护豫剧迫在眉睫。

越调

【非物质文化遗产百科名片】	遗产项目	越调
	所属地区	河南省
	艺术特点	具有丰富的音乐曲调,具有九腔十八调七十二哼的说法。
	传承意义	越调生动地反映了中原一带的社会生活,在社会史和艺术史研究方面都有重要价值,对丰富我国的传统文化有着极其重要的作用,利于改善人们的文化生活,提高幸福感,更好地为社会主义现代化服务。

　　在演出中,越调的主要伴奏乐器为象鼻四弦,所以越调也被人们称为四股弦,越调起源于清代,是河南省三大剧种中较为古老的剧种。主要在陕南、鄂北、皖西、山东及河南各地流行,盛极之时,在全国各地都有影响。演出方式有三种,一是皮影越调戏;二是木偶越调戏;三为越调大戏班。其表演皆有浓厚的民间气息,剧目多是以历史小说为主,情节波动大,容易触及观众的感情点,因而深受百姓欢迎。因此,2006 年越调入选第一批国家级非物质文化遗产名录。

　　据说,越调原为"月调",是中国古代地方曲艺剧种中所拥有的"平、背、侧、月"四种调门之一。清乾隆年间,越调已在河南南洋等地区流行起来,南阳地区的民歌四股弦采用月调进行演奏,演变为一种新型戏曲种类越调,在时间的发展中,越调的唱腔由原先的曲牌体向板腔体过渡,伴奏乐器也由原先的竹笛、唢呐过渡到以四弦乐器为主。清末,出现了众多专业的越调演出戏班,越调达到鼎盛时期。新中国成立后,更是对越调进行了较为全面的挖掘和整理,越调得到进一步的发展。

由曲牌体转变为板腔体,越调的唱腔种类也变得丰富,具有优雅淳朴的特点,其板式主要分为慢板、导板、哭腔、流水、飞板、紧打慢唱等形式,在表演中可以根据情节的发展而自由选择板式的节拍形式。越调的唱词一般是"三、三、四"格律的十字句,或"二、二、三"格律的七字句和一些长短句。早期的唱词具有唱词少、道白多,语句较为文雅和深奥,后来慢慢地尽量将唱词口语化,通俗易懂。在演唱的时候,常常用假音来辅助。越调中的曲牌主要分为笛牌和弦牌两种,目前有两百多首,收江南、雁儿落、寄生草、折桂令、小桃红等笛牌,弦牌则有闷葫芦、双叠翠、自由花、苦中乐、大开门等,这些曲调大多来自民间乐曲。

早期越调的伴奏乐器以四胡(也叫上天梯)为主,卧笛、月琴为辅,后来增加了竹笛、三弦、唢呐、笙等。新中国成立以后又增加了二胡、中胡、古筝、琵琶、大提琴等乐器,武场乐器则以鼓板、大小锣、手镲,辅之以堂鼓等乐器,在后来中也加入了具有效果性的乐器,使得越调的伴奏变得越来越完善。越调的角色行当有文生、武生、大净、二毛、三花脸、正旦、花旦、闺门旦、大红脸、二红脸等十几个行当。各行当之间具有自己独特的特色和表演要诀,行当之间的规则不是很严格,具有鲜明的个性色彩。

越调的传统剧目分为正装戏和外装戏两种,约有四百出。正装戏剧目主要是以历史演义小说为主,外装戏则是以民间传说和公案故事为主。《抱火斗》、《文王吃子》、《乌江岸》、《十五宫》、《李双喜借粮》、《火焚绣楼》、《哭殿》、《秦琼卖马》、《金蹬救主》、《快活林》、《一捧雪》、《十王宫》、《乌江岸》等剧目在百姓中影响较为深远，深受百姓青睐。

在时间的积累中，越调已经凝注了大量的中原文化风俗和社会现象，在很多剧目中都有鲜明的表现，对研究古代中原地区的生活提供了非常重要的依据。然而随着社会经济的发展，在市场化经济体系中，越调举步维艰，每况愈下。

宛梆

【非物质文化遗产百科名片】	遗产项目	宛梆
	所属地区	河南省内乡县
	艺术特点	唱腔音乐上具有自己的独特风格，且变化较多。
	传承意义	宛梆属于宛腔一绝，具有独特的艺术价值，受中原文化、秦晋文化和楚文化共同滋养的宛梆是研究这些文化活生生的资料，以及研究河南梆子提供了非常重要的依据，有利于了解河南梆子的演变历程，从而丰富我国的戏曲史。

宛梆，是南阳地区稀有的曲艺剧种，起源于明末清初的南阳市，早期被人们称为唧唧梆、老梆子、南阳梆子等，因南阳在古时称为"宛"，故而后来也称为宛梆，至今已有三百多年的历史。宛梆主要在河南西南部的南阳及周边广大地区流行，其采取群众喜闻乐见的说唱方式，并以百姓喜欢的故事改编剧目，在群众中具有很高的威望，很受百姓青睐。

明末清初,陕西同州梆子传播到河南南阳等地区,并与南阳民间小调、歌曲、曲艺剧种和方言俚语相结合,演变为一种保持着河南梆子的营养部分的新曲艺剧种——宛梆,在清道光和民国年间,宛梆在各县市之间广为流行,民间春祈秋报,婚丧嫁娶都唱宛梆,农民在田里劳作时口中念念有词的也是宛梆,专业的宛梆戏班更是遍布在南阳各县市,戏班中,名角荟萃,箱具齐全,出现了许多具有影响力的演员。

　　与同州梆子一样,宛梆的音乐属于板腔体,分为本腔和花腔两种,花腔一般接于本腔后,以高八度的假嗓无字行腔。花腔的使用范围很广,各类板式中都有本腔与假腔相配,生、旦、净、丑各个行当皆可用之,其板式可以分为慢板、流水、二八、散板四大部分。其中慢板为一板眼;流水板为一板一眼,旋律明快流畅,可用于叙事、抒情;二八板也为一板一眼;散板类无板无眼,除了尖板外,可以使用花腔来进行辅助,具有一定的感染力。

　　在借鉴其他曲艺剧种的基础上,宛梆建立了自己丰富的传统曲牌,主要分为丝弦曲牌和唢呐曲牌。丝弦曲牌主要有慢板大盘头、大开门、王子开门、步步紧、花雀子、慢压板等十多种;唢呐曲牌主要有清水令、唢呐皮、

叹如雷、泣颜回、满枪、一尺绸等十多种。曲调蜿蜒,十分优美动听,又善于用花腔来弥补旋律上的空白处,使其无论在哪方面都是自然而然,浑然一体的。

　　在剧目上,宛梆可以分为三类:一种是传统遗留下来的剧目;二是从别的曲艺剧种中移植过来的剧目;三是后来改编的新剧目。传统的剧目有数百出,比较经典的剧目在

民间有"四征"、"四铡"、"八大山"、"大、小十八本"的说法。其中四征分为男四征和女四征,两者代表剧目为《雷振海征北》和《穆桂英征东》。八大山指的是《两郎山》、《豹头山》、《青铜山》等征战戏。移植的剧目有一百多出,经过改编加入了自己的特色,如《赵氏孤儿》、《逼上梁山》等剧目。改编的剧目则是根据时代的发展,其改编的内容也随之变化。

宛梆属于宛腔一绝,具有独特的艺术价值,受中原文化、秦晋文化和楚文化共同滋养的宛梆是研究这些文化活生生的资料,以及研究河南梆子提供了非常重要的依据,有利于了解河南梆子的演变历程,从而丰富我国的戏曲史。

随着社会经济的发展和进步,目前多数宛梆班社停办,艺人们解散,使得这个古老的剧种走向衰落。观众数量骤减,演出次数减少,经费紧张,人才断层,演员老龄化等问题让这个古老的剧种奄奄一息,迫切需要人们的拯救和保护。所以,在2006年,国家将宛梆列为第一批非物质文化遗产。相信不久之后,宛梆会重现往日"满城锣鼓万人迷,村村都有宛梆戏"的风光。

怀梆

【非物质文化遗产百科名片】	遗产项目	怀梆
	所属地区	河南省沁阳市
	艺术特点	唱腔、道白、伴奏、身段和特技表演等均具有粗犷、奔放、豪迈、激越的特点，撼人心魄，给观众以强烈的印象和感染。
	传承意义	怀梆在三百多年的历史中，融会了太多的河南地区的民俗风情和社会状态，成为河南地区具有独特风格的曲艺剧种，继承和传扬怀梆，对弘扬民族文化，加强梆子声腔剧种体系的研究，丰富和完善中国戏剧史都能起到重要的作用。

明朝洪武年间，每当天降大旱的时候，人们常聚在一起前往祠堂，在神前摆放贡品，在桌上放一盘子，盘中有蛇，人们把这条蛇当做河大王敬奉，然后族长组织一些艺人，不化妆、不登台、不表演，在祠堂院内围桌说唱，祈求神明下雨，后逐渐演变为登台化妆表演，这是怀梆的早期形式。

怀梆，俗称怀庆梆子、老怀梆、小梆（班）戏、怀调，起源于旧怀庆府一带，其前身就是围桌说唱祈求神明的海神戏，已有三百多年的历史，源于民间，长于民间，剧目、唱腔、念白等方面都带有浓厚的地方色彩，因而深受百姓的喜欢，在河南各县市广为流行。2006 年，怀梆入选国家级第一批非物质文化遗产名录。

怀庆府处在豫晋交界地带，自古以来就是商贾的必经之路，因而得以发展，又因本地风景良好，自然条件优越，所以很多商人往往聚在这里，引来了很多艺人，竹马、旱船、龙灯等"社火故事"已很盛行，本地的民间小调《剪剪花》、《挑

花篮》、《风摆柳》等也在这时流行起来。艺人们将这些融合起来，在弋阳腔、昆山腔及乱弹、梆子腔的影响下，逐渐演变为新的梆子戏——怀梆。明清时期，怀梆随着怀庆商的脚步逐渐走向全国各地，声名鹊起，获得了"五府怀梆"的美誉，怀梆戏得到了人们的认可和喜爱。

其音乐唱腔属于板腔体，属于梆子声腔体系，唱腔板式和其他梆子戏一样分为慢板、流水板、二八板、散板四大类，唱词以本地方言和俚语为主，唱腔慷慨激昂，一般多为三、三、四格律的十字句和二、二、三格律的七字句，兼有长短句，在演唱中，男男女女多用本腔。曲牌体和宛梆同样，分为唢呐曲牌和丝弦曲牌。曲牌的作用在于配合演员的演唱，渲染气氛，增强舞台感染力，使其在体系上达到自然、浑然天成的艺术效果。

角色行当分为生、旦、净、丑，老生的唱腔显得洪亮粗犷；旦角则比较温婉圆润；花脸则显得豪迈大气。各行当均使用怀府方言，具有浓厚的地方色彩，常常在演唱中使用"挑后嗓"，即使用有声无字的装饰性花腔来达到强烈的艺术效果。

据资料记载，怀梆的传统剧目有三百多出，比较经典的剧目为双生、双旦、双花脸。这些传统剧目大多无剧目，只是采取口传心授的方式一代代传承下来，这些剧目大多是描写战争的或者报国的剧目，如《反西唐》、《反西京》、《穆桂英下山》、《樊梨花征西》等，另外还有《辕门斩子》、《凤仪

亭》、《老征东》、《古槐案》、《九头案》、《五女拜寿》、《桃花庵》、《老少换》、《红珠女》、《赶秦三》等剧目,这些剧目历经时间考验,在多年演出中,经久不衰。

怀梆在三百多年的历史中,融会了太多的河南地区的民俗风情和社会状态,成为河南地区具有独特风格的曲艺剧种,继承和传扬怀梆,对弘扬民族文化,加强梆子声腔剧种体系的研究,丰富和完善中国戏剧史都能起到重要的作用。

罗卷戏

【非物质文化遗产百科名片】	遗产项目	罗卷戏
	所属地区	河南省安阳市
	艺术特点	武打戏粗犷、奔放、真实,用的全是真刀真枪,开打时不但"当当"有声,而且火花飞射,具有独特风格。
	传承意义	有着广泛群众基础、区域特征和鲜明时代特色的罗卷戏,不仅是我国众多剧种中两个风格独特、古老稀有的民间传统剧种,也是整个中华民族传统文化中的重要组成部分。

相传唐李世民时期,李世民以民为先的治国方略获得极大的成功,社会进入了祥和富裕的贞观之治,唐初的时候并没有戏这种艺术,每天处理完国事后,李世民常常感到很累,却也没有更好地解除劳累的方法。这天,李世民在天界中看到天戏被迷住了,醒来后,把这个告诉了唐之远,唐之远据此编了剧本,李世民选一些子弟按照戏文排练,在皇宫里演出,看得内眷

们眉开眼笑，李世民的疲劳感也消失了，他一高兴，就把这戏命名为"内眷戏"。传到老百姓耳中，因为读音的误差，内眷戏变成了罗卷戏。

罗卷戏，俗称喇叭戏，唱腔以婉转清新、优雅抒情见长，唱调多为宫调式，辅之徵调式，具有典型的北方曲艺剧种风格。主要在河南等地流行，后来甚至名扬天下，所到之处，万人空巷。罗卷戏据说是由中国古老的"罗戏"和"卷戏"两种曲艺合二为一形成的。民间曾传："罗卷戏到村里，女人不烧汤，男人不下地。"由此可见，百姓对罗卷戏的喜欢和爱戴。2006 年，罗卷戏入选非物质文化遗产名录。

据资料记载，罗戏本名锣戏，究其原因应该是表演时常用大小锣进行伴奏而来。罗戏是从傩或傩戏演变而来的，而傩戏是由古时影身赛会或者酬神还愿的古老仪式中发展而来。到了元末明初，傩戏也开始根据一些民间故事改编剧目，使傩戏做到有剧目可以演。艺人在长期的实践中逐渐去除了傩戏的弊端，借鉴其他剧种一些优势，逐渐在唱腔、表演以及舞台效果上进行了改革，傩戏的面目越来越少，逐渐过渡到了罗戏。卷戏则是庙中老道士所演唱的经文，因为经文都是一卷一卷的，人们便把它形象地叫做卷戏。罗戏和卷戏两者之间存在共同的唱腔方式，于是合二为一为罗卷戏。

唱腔讲究音韵，因而显得深奥和枯燥，但旋律优美，曲调委婉动听，因此有别于别的剧种，唱词词格为七字句或十字句，每一大段唱词都由三长一短句组成。罗卷戏的音乐具有其独特的风格，主要伴奏乐器有觱篥、大笛、唢呐、笙、闷子等，打击乐器有鼓板、大锣、大镲、小镲、小锣、堂鼓、大鼓、梆子等，在演武打戏

的时候常常加入喇叭、羊角号，大有金戈铁马的壮观气势。

在角色行当上具有独自的特色，行当里生、旦、净、丑齐全，各行当表演从其他曲艺剧种中吸收了大量关于武戏、杂技、舞狮等精华部分，在演出中，武打戏完全是用真刀真枪，两刀相触的时候，火花飞射，声音很洪亮，具有独特的视觉效果。

罗卷戏的传统剧目有三四百出，大多数都是根据历史故事创作的"袍带戏"，也有以民间故事或者男女爱情伦理道德等创作的部分小戏。然而在时间流逝中，很多剧目都遗失了，目前较为有影响力的只有几十出。

有着广泛群众基础、区域特征和鲜明时代特色的罗戏和卷戏，不仅是我国众多剧种中两个风格独特、古老稀有的民间传统剧种，也是整个中华民族传统文化中的重要组成部分。然而随着时代的发展，罗卷戏面临着生存苦难越来越严峻，为了挽救这个古老的剧种，必须引起各部门的注意。我们期待罗卷戏走出辉煌的明天。

扁担戏

【非物质文化遗产百科名片】	遗产项目	扁担戏
	所属地区	河南省驻马店新蔡县
	艺术特点	向来有一副扁担一台戏,一人演戏百人看的说法,及说、唱、做浑然一体。
	传承意义	被誉为世界三大木偶剧种之一,是我国单人木偶戏中仅存的表演形式,是布袋木偶戏的活化石,有独特的文化底蕴和开发潜力。

相传,李世民在年幼时就相当聪明伶俐,有段时间母亲病了很痛苦,小李世民的眼泪也随之落下,但他试着想很多办法来让母亲高兴起来,如招大量歌女,都没有奏效。一天,他脑海中灵光一闪,做了 10 个小木偶套在手指上,他选了一些简短的故事剧目再辅之诙谐幽默的语言,母亲终于笑了。这种把木偶套在手指上的表演被人们称为扁担戏,并很快由宫廷传播到民间,很受百姓青睐。

扁担戏又叫五指木偶戏,表演时一根担子就可以挑起全部的家当,或者演出时一根扁担就是一个"麻雀虽小五脏俱全"的小舞台,这是一种小型的木偶戏,因此被人们称为扁担戏。起初也就是清末,扁担戏是由安徽艺人传到河南驻马店等地区,这些艺人常常是一人挑着戏担子串乡走村进行表演,表演得惟妙惟肖,全部过程仅靠一名演员就足够,这种简朴却具有很高的娱乐性的小木偶戏很快便引起河南人们的喜爱,人们纷纷争相学习扁担戏，并常常在家人面前进行表演，逗家人开心。扁担戏很快就在河南甚至周边省市风靡起来。2006年，扁担戏入选非物质文化遗产名录。

一根扁担就足以挑起全部的乐器、影人、道具、小型舞台等，艺人们常常奔波不同的地方进行表演，不觉辛苦。扁担戏的曲调多以戏曲、说唱艺术为主，尤其是说唱艺术，具有诙谐幽默、惹人笑颜的特点，在表演中，唱腔和念白往往随着剧目中人物角色的改变而随之变化，虽然演唱以河南地区的方言为主，但艺人在走他乡的过程中，也加入了所到地区的方言，所以扁担戏的语言较为复杂，对演员的要求也比较高，表演者要有多变声腔、协调的动作等高超技艺。

在时间的累积中，扁担戏的剧目具有种类繁多、内容翔实等特点，很多曲目都是根据百姓喜欢的传统历史小说或者民间故事改编的，其实历史小说，内容很广，转折点多，容易触动观众的感情点，但演出也显得稍微困难。如《西游记》、《水浒传》、《岳飞传》等深受百姓喜欢的剧目。在表演中，最主要的道具是木偶，其次是看这个艺人的说唱水平和口技技巧，在表演中，每一个人物都有自己与众不同的声音特点，甚至连人物出场都有特定的声音。《王二卖豆腐》、《王小上山砍柴》、《武松打虎》、《大闹天宫》、《刀劈王

伦》、《三打白骨精》、《老包铡陈世美》、《穆桂英》、《破天门》、《辕门缉子》、《东郭先生》等剧目都是百姓中影响范围较广，拥有很高的声誉。

表演中，常常会同时出现很多的木偶人物，而且这些人物不仅有动有静，还要有对话唱词、大打出手、翻筋斗、打旋子，还得有兵器的碰击声、乐器的声音，甚至还有关于天气的声音

如雷声、雨声、风声,所有复杂的表演,皆是由演员的十个手指来控制,一张嘴进行口技表演来完成,这些剧目具有复杂的情节,丝毫不亚于一场大戏,所以对演员来说是个很高的考验,练就这种炉火纯青的技艺,需要长年累月地进行锻炼,很是艰辛。

这种小巧的木偶表演戏已经深深地流传到百姓生活中,是百姓娱乐不可缺少的方式之一,在百姓中很受青睐。扁担戏具有非常高的艺术价值和审美价值,对丰富我国传统的曲艺剧种种类也起到了很重要的作用,对完善曲艺史更是有着很好的促进作用。

然而,随着时代的变革和发展,扁担戏的观众越来越少,扁担戏慢慢地变成一部分人自娱自乐的方式,与现代社会的矛盾越来越冲突,这种百姓喜闻乐见的表演方式正在逐渐从人们视线里消失,也许在不久的将来,我们就再也看不到扁担戏这种中国传统戏剧了。

扬高戏

遗产项目	扬高戏
所属地区	河南省三门峡灵宝市
艺术特点	起伏大,调尾旋律上扬,多用"大跳",扬高戏的表演、音乐、舞美具有一股古朴气息。它不注重表演技巧,不大段唱白,但重故事(剧情)表述,旦角男扮,沿袭至今。
传承意义	具有非常丰富的历史文化价值和研究价值,对完善我国戏曲的知识体系有着重要的补充作用,丰富人们的精神生活,促进文化的发展。

相传隋朝末年,李渊率兵南征凯旋,不胜喜悦,在班师回朝的过程中,听到一个年轻的女子在唱小曲,旋律优美,曲调蜿蜒,顿觉耳目一新,即令乐官将此曲调记录下来。不久后,李渊登基为皇,改国号为唐,命宫女学习演唱这首新式的曲目。因为皇帝喜爱这种歌曲,很快宫廷内外共唱此曲,传播迅速。李世民即位后,为了表示孝意,也命长安官民皆唱此曲,用来怀念李渊的千秋伟业。

唐中宗时期,开始加入了故事进行表演,采用化妆演出,这便是扬高戏的雏形。唐朝末期,参加科举考试落榜的学子,长途跋涉,在出函谷关后,囊中羞涩,便用扬高曲调在灵宝南阳村乞讨。南阳人很喜欢这首曲调争相学习,后来对此进行了改革,以元杂剧剧本为基础,用扬高曲调登台演唱,慢慢地演变为独具一格的扬高戏。

风格清雅的扬高戏很快就走出了南阳村,到光绪年间,逐渐变成能与秦腔、蒲剧相抗衡的大戏种,处处可见,处处可闻。各大茶楼、酒馆,以及庙会等都有专业的扬高戏剧班,那段时间人们最大的休闲方式和舆论话题就是扬高戏。民国时期,扬高戏达到了历史上最辉煌的时期。然而这种辉煌却很短暂,在民国后期,由于战乱和社会变迁,扬高戏的演出逐渐减少,再加上许多后来居上的剧种,扬高戏的观众也被分流,以致失去往日辉煌。新中国成立后,社会环境宽松稳定,扬高戏慢慢地恢复了一点元气。2006 年,扬高戏被列入非物质文化遗产名录。

在表演中,扬高戏的最大特点就是曲调起伏大,调尾旋律突然间上扬,多用"大调",因此人们根据这个特点形象地把这个剧种称作扬高戏。扬高戏的表演并不单纯地重视表演上的技巧和大段的唱白,主要特点是重视故事情节的表述。在演出中,旦角一般由男演员来表演,这个习惯一直沿袭。因而,扬高戏的表演和舞台效果上都有一种类似原始戏曲的特征,具有古朴的气息。

行当之间,生、旦、末、丑,同腔同调,净的音色和唱法与其他曲艺剧种相比有着很大的变化,首先唱调丰富具有七十多种大调和三十多种小调,其实在演出中,伴奏乐器也与其他行当之间不同,弦乐采用碎弓、抖动等方式伴奏,再加上高音竹笛,给人一种欢乐明快、畅快淋漓的感觉,很受百姓青睐。

在时间的累积中,扬高戏的剧目越来越丰富,不仅有生活小戏,也有表演宫廷或战争的大戏,种类繁多,剧情曲折。在表演上和蒲州梆子有相似之处,具有浓厚的乡土气息,风格淳朴大方。传统的曲艺剧目有一百多出,如《明珠宝》、《司马庄》、《回龙阁》、《花柳林》、《白玉兔》、《取长沙》、《反西唐》、《金瓶梅》、《清河桥》等剧目都深受百姓欢迎。

扬高戏的剧目很多都是关于表述百姓生活的,与人民群众的文化生活更是有着紧密的联系,从其剧目中开始探索和研究古时百姓的社会生活和历史风情民间习俗都有着很重要的作用,对完善我国的曲艺史更是有着不可替代的价值。

大平调

【非物质文化遗产百科名片】	遗产项目	大平调
	所属地区	河南省濮阳县、滑县、延津县
	艺术特点	唱法上用真声吐字,假声行腔,甩腔时翻高八度,后音挂"讴",声激音扬,极富韵味。
	传承意义	传承了数百年、在黄河两岸颇有影响的古老剧种,具有戏曲活化石之称,具有非常丰富的历史文化价值和研究价值,对完善我国戏曲的知识体系有着重要的补充作用。

大平调又称平调、大梆戏、大油梆,其唱腔属于梆子腔体系,因曲调低于其他剧种梆子的音调,而被人们称为平调或者大平调,在豫北、冀南、鲁西南及豫东、皖北等地区广泛流行,至今已有五百多年的历史。因其表演气势恢弘、场面庞大、剧情多变而深受百姓的青睐,有着很高的声誉。

大平调起源于明代末期,现在发现最早的关于大平调的记载是在清顺治十六年(1659)菏泽大平调戏班"大兴班"在河南滑县的演出的契约,清朝时各种专业的大平调戏班随处都可见。唱腔一般都采用真嗓,在尾声时常用高八度的假嗓,它的音乐板式结构多与豫剧相同,在表演上则显得比较火暴。大平调有着极其深远的影响,在传播的过程中,慢慢地分为三个支派,即东路平调、西路平调和河东平调。

在表演中,平调的伴奏乐器主要以大弦和二弦为主,另外辅之以大梆、大号、三弦等乐器,曲调较为流畅明快,激情澎湃,与火暴的表演相互衬托,给人不同一般的视听效果。在其他梆子剧种的影响下,大平调的角色行当也变得很齐全,其中以黑脸和红脸的表演最具特色也是最重要的,各行当之间有着明确的规定,彼此分界线较为严格。演员的表演唱做念打并重,粗犷豪迈,给人一种荡气回肠或气势恢弘的感觉。很符合河南人们的精神面貌。在表演中,黑脸和红脸多数是以袍带戏为主,这些具有大戏特征的剧目使得红脸和黑脸在表演中占据了重要的位置。

在长期发展和向四周传播的过程中,大平调积累了种类繁多、内容翔实的剧目,据资料记载,大约有六百出,这是一个很乐观的数目,然而在时间的洪流中,不少剧本已经遗失了,目前仅知的剧目只有两百余出,而且其中很多剧目都是以历史小说或者战争故事改编的,如红脸和黑脸的袍带戏,其很多剧目的内容都是从《包公案》、《杨家将》、《三国演义》、《隋唐演义》、《水浒传》等古代章回小说改编的,这样的剧目演出场数多,内容也足够丰富曲折,因而很得百姓喜欢。相比较

之下，民间故事则显得少了许多，这类剧目则是根据民间传说或者民间俗事民俗等改编的，比较有影响力的作品有《秦香莲》、《百花亭》、《赵公明下山》、《三传令》、《下高平》、《下燕京》、《下江南》、《火龙阵》、《反阳河》、《晋阳关》、《收姜维》、《战洛阳》、《铡赵王》、《金鞭记》、《张飞滚鼓》、《反徐州》等。

大平调是传承了数百年、在黄河两岸颇有影响的古老剧种，具有戏曲活化石之称，在河南地方音乐、戏曲历史等研究方面具有重要的学术价值，对完善我国戏曲的知识体系有着重要的补充作用。

但是，随着经济的发展和社会化进程的加快，古老的大平调开始感受到前所未有的生存考验，这个古老的剧种，正在面临着失传的危险。因此，大平调被列入非物质文化遗产名录，在党和政府的保护和支持下开始慢慢地恢复元气，以图再现往日的辉煌。

湖 北 省

【非物质文化遗产百科名片】	遗产项目	东腔戏
	所属地区	湖北省黄岗市罗田县
	艺术特点	戏的发声部位在咽喉,属于原生态,具有一人唱,多人和,台前唱,台后和等特点。
	传承意义	东腔戏具有非常丰富的历史文化价值和研究价值,对完善我国戏曲的知识体系有着重要的补充作用,改善人们的文化生活,促进文化的发展,更好地为社会主义经济建设服务。

　　东腔戏又称东路花鼓,是源自西路花鼓的楚戏的姊妹剧种,富有湖北黄岗的乡土气息和人文特色,采取世代口传心授的方式进行继承,完全使用喉咙发音,因此保留着剧种的古老的原生态。

　　唐宋时期,为了排解在农闲时或者劳作后的疲劳,罗田人开始试用不同的方法,但都失败了。后来一位本地的私塾先生创作了"哦嗬腔"、"呃腔"、"采茶调"等民间声乐,很快便得到农民群众的喜爱,在田里耕作的时候,这边唱完上一句,那边就开始附和,这种畅快淋漓的声音,在几个山头之间随处可闻,又因罗田地区属于山区,山多而产生回声,一遍遍冲击着人们的心灵。著名的词人苏东坡在任黄州团练副使的时候，虽是副使，但并无实权，正是处于落魄的时候，心情郁闷的他去视察罗田，被罗田人民的嗓音所震撼，苏东坡称唱歌者为"鸡人"，苏东坡也试着跟百姓学习，演唱一番心情舒缓了很多。东腔戏就是在这种不太正规的"哦嚰腔"、"畈腔"、"采茶调"等基础上再借鉴其他曲艺剧种形成的新型曲艺剧种。

东腔戏很受当地百姓的欢迎，在罗田地区有个传统，就是在年正月初八以后，东腔戏戏班便开始到其他村子和县城进行表演，演出不收取费用，但是食宿一般是由主办方解决的，这样到处走走停停唱唱，东腔戏的名声很快就传播到很广的地区，到了阳春三月春耕的时候才开始回家。在传统节日、婚丧喜庆，东腔戏往往是唯一的生活娱乐，县城广场、村外的宽敞的原野、村里的祠堂以及办喜事的农家院子甚至洞房花烛的新房，都成了东腔戏的演出舞台，伴奏乐器主要以锣、鼓为主，东腔戏在黄河以北的地区名声大噪。

从清代中叶开始，东腔戏便一代代传承下来，目前已经到了第九代传人，在继承的过程中，艺人根据时代的发展对东腔戏的一些不合理的设置进行了改革，如女戏男唱，改革为开始培养女演员。为了防止手抄本的失误，东腔戏没有剧本，全靠师傅们一句一口，一招一式地传授，在传播的过程中注重演员的创新性，使得东腔戏在保持着古老的原生态的同时也积极

与时俱进，不断创新，以赢得观众的喜欢。

目前东腔戏祖传下来的各种大小剧目有三十多出，东腔戏的板腔也得到很好的继承。在百姓中深受欢迎的剧目主要有《珍珠塔》、

《秦香莲》、《天仙配》、《拦马》、《教子》、《站花墙》、《全家义》、《血掌印》、《白布楼》等，因长期植根于民间，因此得到百姓的赞誉。

在历史发展中，东腔戏凝注了很多民间风俗和社会状态，具有非常丰富的历史文化价值和研究价值，对完善我国戏曲的知识体系有着重要的补充作用。

然而随着城市化的加快，很多年轻人不愿意继承东腔戏，反而乐于去城市打拼来解决家乡贫困的问题。因此，政府把东腔戏列为非物质文化遗产名录，并进一步支持和保护东腔戏的发展。

荆河戏

【非物质文化遗产百科名片】	遗产项目	荆河戏
	所属地区	湖北省荆州市
	艺术特点	在表演上讲究"内八块"和"外八块"，重视演员在不同的环境和剧情中准确无误地演出人物的情感变化。
	传承意义	荆河戏历史悠久，保留了许多珍贵的原始曲牌，剧目中也大多反映元明时期的社会风俗和民间俗事，在民俗学、民族音乐史和戏曲史等方面均具有很高的历史文化价值和研究价值。

历史上，荆河戏的别名很多，上河路子、大班子、大台戏等名称。抗战期间又被称为楚剧、汉剧、湘剧。1954年，根据流传于长江荆河段，而被人们命名为荆河戏，在湘西北及湖北部分地区广为流行。2006年，荆河戏入选

第一批国家级非物质文化遗产名录。

据资料记载,荆河戏起于明初永乐年间,明末清初秦腔开始传播到荆州等地区,在流传的过程中,楚调和秦腔南北结合,相互影响,形成了荆河戏弹腔的"南北路",这是荆河戏的初始形状。当时在湖北地区影响较大的剧种为汉剧,汉剧占据了经济较为发达的沙市,汉剧演员要想得到人们的认可就要先在沙市闯出名声来,在与汉剧的结合中,互相学习,取长补短。荆河戏的演出风格和弹腔分别是受武陵戏和四川的湘琴戏的影响,而且早期乐器的使用也是从川剧中借鉴过来的。

后来受高腔的影响,荆河戏在演出中保留了高腔一人独唱,众人后台帮腔的特色,伴奏乐器不用管弦乐器,而是使用土锣、大钹、鼓板等打击乐器。后来受昆曲的感染,但影响较小,逐渐被弹腔替代了。

弹腔是荆河戏的主要声腔,在传播的过程中逐渐分为北路和南路以及特定腔调三类,其中北路是由秦腔与当地民间曲调相结合形成的;而南路主要是受徽调的影响;念白和唱词主要以本地官话为主,具有很浓郁的乡土气息。伴奏乐器分为文场和武场,文场主要以胡琴、月琴为主,辅之以三弦、唢呐、笛子等乐器;武场则包括堂鼓、大小锣、马锣、头钹、二钹等。其中马锣的打法较为特殊,演员将锣抛到空中,然后敲打。

在时间的流逝中,荆河戏的角色行当也不断地进行改革,最终形成以

生、小生、旦、老旦、花脸、丑六行为主的行当体系。其中生分老生、正生、红生、杂生;旦分正旦、闺门旦、花旦、武旦、摇旦;花脸则分大花脸、毛头花脸和霸霸花脸。荆河戏注重做工,讲究

内、外八块的功夫。所谓的"内八块"功夫指的是人物的表情,如喜、怒、哀、乐、惊、疑等能够表示内心的表情;"外八块"功夫主要指的是外部形体的动作,如云手、站档、踢腿、放腰等外部形体程式动作,荆河戏的表演要求演员准确地表达出在特定环境下的人物的内心世界或者特定感情,力求表演到位。

历史悠久,受其他剧种影响较深的荆河戏有着种类繁多的曲艺剧目,目前保存下来的有五百多出,整本戏有四百五十多出,这些剧目大多是根据明元时期的杂剧、章回小说以及民间传说故事和历史小说改编的,如《双驸马》、《沙滩会》、《秦雪梅》、《百子图》、《翠屏山》、《四下河南》、《楚宫抚琴》、《三娘教子》、《一捧雪》、《大回荆州》、《反武科》等剧目,历经时间考验,经久不衰。

荆河戏历史悠久,保留了许多珍贵的原始曲牌,剧目中也大多反映元明时期的社会风俗和民间俗事,在民俗学、民族音乐史和戏曲史等方面均具有很高的历史文化价值和研究价值。然而,随着经济进程的加快,许多荆河戏的剧团已经被迫关门,目前仅存的荆河戏剧团少之又少,再加上面临着严峻的经济危机和人才危机,此情势下,抢救与保护荆河戏已是刻不容缓。

黄梅戏

【非物质文化遗产百科名片】	遗产项目	黄梅戏
	所属地区	湖北省黄冈市黄梅县
	艺术特点	旋律优美,以抒情见长,韵味丰厚,唱腔淳朴清新,细腻动人,以明快抒情见长,具有丰富的表现力,且通俗易懂,易于普及,深受各地群众的喜爱。
	传承意义	黄梅戏是中国的五大剧种之一,在时间的发展和积累中,影响十分深远,黄梅戏凝注了大量的风土人情和民间俗世,具有非常高的历史文化价值和研究价值,对丰富我国的曲艺史有着极其重要的作用,可以提高人们的文化生活水平和精神文明素质。

　　黄梅戏又名黄梅调,又叫采茶调,是湖北地区具有鲜明特色的剧种,与京剧、越剧、评剧、豫剧并称中国五大剧种。黄梅戏起源于清朝时期的湖北黄梅,曾经一曲《天仙配》而名噪大江南北,在海外也有很坚实的群众基础和良好的声誉,现在主要在安徽省安庆市及其周边地区,因其曲调具有真实活泼,表演细致真诚,而深受百姓青睐。

　　清乾隆年间,大别山区采茶调传播到安徽怀宁县等地区,并在当地民间歌曲、曲调以及曲艺剧种的影响下,慢慢地演变为以怀庆方言为唱词和念白的新曲艺剧种,人们称之为怀腔和怀调,出现了一些以"串戏"为主的表演方式,串戏主要是挑选剧目中独立却又相互关联的故事联起来,串戏的故事情节比小戏要丰富许多,甚至还出现了小戏中没有的行当,在发展中与青阳腔和徽调相互影响,相辅相成,开始出现在剧情和表演上都较为完整的本戏。1920年，黄梅戏这个名称第一次被提出。黄梅戏以安庆为中心，开始向四周发展，经过一百多年的发展，慢慢地成为在全国乃至海外都具有影响力的曲艺剧种。2006年，黄梅戏入选非物质文化遗产名录。

　　在借鉴其他曲艺剧种的基础上，黄梅戏也逐渐形成了自己的唱腔体系——属板式变化体，分为主调、花腔、彩腔三大类，其中主调是黄梅戏在大戏中常用的唱腔，有平词、火攻、二行、三行之分，其中平词是主调中最常用的也最具特色，曲调显得较为严肃和呆板，不够活泼和机灵。花腔的表演则是以情节简单却韵味深长的故事改编的，其曲调比较活泼轻快，优美朴实，在表演中善于用百姓喜闻乐见的方式进行变化，具有浓郁的生活气息以及当地其他曲调的影响，因而在民众间深受喜欢；而彩腔则主要应用在花腔表演中，曲调欢畅轻快，给人一种积极向上的感觉。

　　早期黄梅戏伴奏主要是以三人演奏堂鼓、钹、大小锣等打击乐器，具有"三打七唱"的说法，在句尾常常采用帮腔的方式来增加舞台效果。后来在演出中不断增加了其他增强音乐效果和演出效果的乐器，后来确立了以高胡为主奏乐器的伴奏体系。以抒情见长的黄梅戏，还具有唱腔平淡清新，真实细腻，剧目内涵丰富，具有很高的艺术价值，采用本地方言为唱词，具有通俗易懂、便于普及的特点，在舞台表演上极具表现力和感染力，深受各地群众的喜爱。

　　早期的黄梅戏剧情简单，情节单一，角色行当主要是在"二小戏"、"三小戏"的基础上发展起来的，后来逐渐形成了正旦、正生、小旦、小生、花旦、小丑、老旦、老生、花脸、刀马旦等行当。在表演中，虽然戏内行当各有自己的规定约束,但并没有严格的分行,各行当之间在表演中可以互换,有时一个演员要兼扮好几个角色。

在表演中,黄梅戏以崇尚感情戏著称,具有淳朴真实、清新优美的特点,因而在历史发展中深受百姓欢迎,黄梅戏渐渐成为全国百姓最喜爱的剧种之一,两百多年的历史使得黄梅戏积累了大量的优秀的传统剧目,其中较为有影响力的剧目如《天仙配》、《纺棉纱》、《女驸马》、《夫妻观灯》、《牛郎织女》、《打猪草》等,尤其是《天仙配》更是使黄梅戏名传大江南北,甚至在海外拥有广泛的影响力。

作为中国五大戏曲剧种之一,黄梅戏的重要性不言而喻,影响十分深远,是我国曲艺史中的珍贵宝藏。

汉剧

【非物质文化遗产百科名片】	遗产项目	汉剧
	所属地区	湖北省武汉市
	艺术特点	在伴奏上采用川打,具有节奏鲜明、气势豪迈的特点,对于刻画激情豪迈、强悍的人物形象和烘托场上激烈的气氛,能起到独特的表现作用。
	传承意义	在历史发展中,汉剧为京剧的形成作出了独特的贡献,对各种地方戏曲剧种也有着很大的渊源,对于研究戏曲板腔体系、戏曲音乐结构的演变提供了非常翔实和重要的资料,对丰富我国的曲艺剧种有着极其重要的促进作用。

汉剧起源于清代中叶,已有三百多年的历史,在历史上汉剧的别名很

多,如楚调、汉调、楚腔、楚曲、二黄等,是湖北地区主要的戏曲剧种,主要在湖北境内和河南、湖南、陕西、四川等地区广泛流行,汉剧具有独特的舞台艺术感染力和影响力,在视觉和听觉等方面都给人焕然一新的感觉,因而很受百姓青睐。

汉剧声腔早期主要是在西皮、二黄的基础上形成的皮黄声腔系统,在清嘉庆和道光年间,湖北地区经济繁荣,很多地方的商人会聚在此,各种酒楼戏班林立,各种专业的汉剧演出班子处处可见,为汉剧进一步的发展和兴盛提供了良好的条件,在汉剧兴盛时期,因为流传地域的不同而分为四支流派,并与当地的民族风情相结合而得到风格不一的汉剧。咸丰年间,因为战乱,汉剧一度没落。经过光绪年间以及民国的休养生息,汉剧慢慢地恢复了元气出现了很多剧班,也出现了很多具有代表性的著名演员,在表演和唱腔等方面借鉴其他曲艺剧种的优势,尤其是京剧,汉剧的表演艺术得到很大的提高,汉剧走向第二次辉煌时期。2006 年,汉剧被列入非物质文化遗产名录。

在历史上,沪剧创作了皮黄声腔体系丰富了板腔体音乐的表现功能,主要以西皮、二黄为主,兼有歌腔、昆曲、杂腔、小调等曲调,主要是在其他曲艺剧种的基础上借鉴而成,其中西皮也叫做下把,其表演唱腔比较高亢豪迈,爽朗畅快,节奏具有复杂多变,灵活如鱼游水,具有较强的可塑性,其板式主要有慢板、正板、快板、西皮垛子以及散板、滚板、摇板等,其中最具特色的要属西皮垛子,唱腔字多腔少,旋律比较畅快明亮,适用于叙事。

在借鉴其他剧种取其之长的基础

上，汉剧形成了独特的伴奏风格，早期主要以胡琴、唢呐、笛子为伴奏乐器，在发展中，其伴奏乐器也逐渐进行改革，在文场乐器中改胡琴用京胡，武场乐器中汉锣、汉钹则改为奉锣、苏钹。汉剧最有特色的要属锣鼓的打法，包括大打、小打、川打、干打和湿打 5 种方式。其中川打最具特色，具有节奏激越、旋律激进的特点，对于刻画比较粗犷豪迈、具有强烈气势的人物以及渲染舞台的感染力都具有非常独特的作用。

汉剧的角色行当有一末、二净、三生、四旦、五丑、六外、七小、八贴、九夫、十杂十大行当，其中一末为老年生角主要以表演帝王、将相、高官等正面人士；十杂则是做工花脸，多扮演有勇无谋的猛将或者是飞扬跋扈的权臣。其中六外的戏路较宽。

三百多年的历史中，汉剧拥有约七百出传统剧目，种类丰富，内容翔实，剧目多是根据历史演义和传说故事进行改编创作的，比较有影响力的有《宇宙锋》、《生死板》、《双尽忠》、《哭祖庙》、《合银牌》、《打花鼓》、《两狼山》、《闹金阶》、《斩李虎》等。其中《宇宙锋》的演出获得了人们极大的赞赏。

汉剧为京剧的形成作出了独特的贡献，对各种地方戏曲剧种也有着很大的渊源，对于研究戏曲板腔体系、戏曲音乐结构的演变提供了非常事翔实和重要的资料，对丰富我国的曲艺剧种有着极其重要的促进作用。

然而，由于社会新式娱乐的冲击，汉剧这个曾具有很高影响力的曲艺如何获得发展，走向繁荣，依然是一个严峻的问题。

	遗产项目	楚剧
	所属地区	湖北省
	艺术特点	表演贴近时代,贴近生活,贴近百姓,手段丰富多样,具有很强的包容性。
	传承意义	楚剧充分显示了鄂东一带地方文化的特色,在各个方面极具有独特的地方风格,成为湖北地区百姓的精神象征,是人们文化娱乐生活中必不可少的部分,它本身所凝注着丰富的文化内涵和研究价值,是我国戏曲宝库中的珍贵财富。

楚剧又名哦呵腔、黄孝花鼓戏、西路花鼓戏,起源于清道光年间,迄今已有一百五十余年的历史,是由民间的歌曲、曲艺会聚而成,因而具有浓郁的乡土气息和民俗风情,主要在武汉、黄冈、荆州、咸宁、宜昌、黄石等地广为流行,因其贴近百姓生活的特点而深受民众青睐。

清朝道光年间,在湖北省的鄂东地区流行着哦呵腔,在传播的过程中与黄陂、孝感的语言、地方曲调、民歌以及曲艺剧种相结合而形成的剧种,早期开始只有在元宵节玩灯时进行表演,因而被人们称为"灯戏",慢慢地发展在农闲或者节日时期就有楚剧表演的传统。戏班的人数很少,演出的剧目也很少,黄孝花鼓戏由农村走向城市进行演出,黄孝花鼓戏引来新的发展时期,为了扩大花鼓戏的影响力,黄孝花鼓戏借鉴和吸收了其他曲艺剧种的剧目以及表演方式来不断地进行改进。

1922年，在京剧和汉剧的影响下，楚剧进行了唱腔、表演艺术等方面的创新，并开始演出本戏，并获得很大的成功，很快地就以武汉、黄陂、孝感、黄冈等为中心扩大到大江南北，成为湖北的代表性剧种之一。1926年，黄孝花鼓戏正式改名为"楚剧"。在抗日战争期间，在共产党的领导下，积极开展劳军、献金等义务演出活动，为抗日战争的胜利作出了贡献。因此，楚剧被列为非物质文化遗产名录。

在借鉴其他曲艺剧种声腔的同时，楚剧也进行了创新，目前楚剧的板腔体系有迓腔、悲腔、仙腔、应山腔、四平、十枝梅等。迓腔分为男迓腔、女迓腔、悲迓腔、西皮迓腔4种，其特点是节奏起伏较大，旋律可高可低，或叙事，或抒情，可塑性强，具有很好的声乐效果，是楚剧中的主要唱腔。悲腔只有女腔，则用于表述凄婉哀伤的感情，曲调很低如泣如诉。仙腔则善于表达高亢悲愤的感情，曲调上下波动较大，既能委婉凄楚，也可以激烈奔放。应山腔旋律则比较欢快流畅，清新优雅，善于表达喜悦高兴的感情。而十枝梅则善于表达欢快或者悲伤的情绪，曲调较为流畅柔和。楚剧中的曲调则小调有十绣调、麻城调、讨学钱、卖棉纱等曲牌，高腔有锁南枝、梧桐雨、山坡羊等曲牌。

随着时代的发展，楚剧的角色行当体系也变得很成熟，主要分为生、旦、丑三类，如正旦、小旦、花旦、小生、老生、丑、花脸等行当，各行当之间并

没有严格的规定和要求，在表演中，各行当之间常常互换或者一个演员演多种行当，但都具有浓厚的乡土气息和民俗风情。伴奏乐器分为文武场，在表演中经常使用的乐器有胡琴、京二胡、二胡、三弦、板鼓、钹、

大小锣等。

楚剧剧目的题材来源广泛，因贴近百姓生活，所以语言通俗易懂，表演生动活泼，具有很高的包容性，乡土气息很浓。目前传统的剧目有五百多出，比较有影响力的有《董永卖身》、《吴汉杀妻》、《蔡鸣凤辞店》、《葛麻》、《乌金记》、《哑女告状》、《百日缘》等。还有后来整理的现代历史故事剧，如《穆桂英休夫》、《太平天国》、《悠悠柳叶河》、《东方税官》、《双教子》等剧目，深受百姓欢迎。

楚剧充分显示了鄂东一带地方文化的特色，在各个方面极具有独特的地方风格，成为湖北地区百姓的精神象征，是人们文化娱乐生活中必不可少的部分，它本身所凝注着丰富的文化内涵和研究价值，是我国戏曲宝库中的珍贵财富。

荆州花鼓戏

【非物质文化遗产百科名片】	遗产项目	荆州花鼓戏
	所属地区	湖北省潜江市
	艺术特点	男腔粗犷、豪放，女腔婉转柔和，且字句安排和行腔处理均较为灵活，可塑性很强，可以根据剧中人物的需要自行选择较好的表演方式。
	传承意义	荆州花鼓戏具有见证中华民族文化传统生命力的独特价值，其蕴涵的丰富的文化历史价值和民俗风情，对于丰富和完善中国戏曲史、中国音乐史以及挖掘荆楚民间文化艺术，都将产生一定的推动作用。

荆州花鼓戏又名花鼓子、天沔花鼓戏、沔阳花鼓戏，起源于明末时期沔

阳东荆河一带,迄今已有两百多年的历史,是潜江市最具特色的地方曲艺剧种,与楚剧、汉剧形成湖北的三大剧种,主要在湖北大部分地区流行,鼎盛时期,在全国很多县市都具有很大的影响力。

最早的荆州花鼓戏是沔阳一带流行的小调,只有高腔和低韵两大类。元代时期被命名为沔阳花鼓戏,是由沔阳民歌小调和沔阳方言以及本地的其他曲艺剧种的影响下形成的,明末清初初具雏形,荆州花鼓戏的发展经历了田园时期、草台时期、丝弦时期、消退时期、鼎盛时期、衰落时期、复兴时期等7个阶段,田园时期的演出并无成形的剧本,只是一些有人物形象简单情节的曲目,很快成为灾民们外出乞讨的有力武器,因此又被称为"沿门花鼓"。草台时期开始以对子戏或三小戏为主,但剧情还是较为单一。丝弦时期则是指花鼓戏采用丝弦来伴奏,并且形成很多有名的戏班。20世纪80年代末,荆州花鼓戏进入了鼎盛时期,但随着时间的发展而逐渐没落,后来在党和政府的支持下开始走向复兴时期。

在田园时期,荆州花鼓戏唱腔就明显属于打锣腔系,可以分为主腔和小调两大类,其中主腔主要以高腔、打锣腔、四平腔、圻水腔为主;小调有两百多种,具有旋律优美,节奏流畅明快的特点,富有浓郁的乡土气息而深受百姓喜爱。荆州花鼓戏唱腔以高腔为主,并且保留了高腔"一唱众和,锣鼓伴奏"的特色,在句尾男女唱腔都以本音结合假嗓演唱。在表演中,荆州

花鼓戏的打击乐是借鉴采莲船、高跷、车水锣鼓等基础上形成的,但具有独自的特色,常用的乐器有鼓、竹梆、大锣、小锣、海钹、马锣、唢呐等,后来添加了西洋木管乐器,使荆州花鼓戏的舞台表现力更强。

　　早期的角色行当主要以三小为主,随着时代的发展和剧目的不断成熟。角色行当也渐渐形成小生、生脚、正旦、花旦、丑5个行当。其中小生多扮演青年男子,花旦则是扮演中年妇女或小姑娘,丑角的戏路相当宽阔,其饰演的人物具有诙谐幽默或者刁钻圆滑的特点,是荆州花鼓戏中的一大亮点。

　　在两百多年的历史中,荆州花鼓戏累积了一批种类和数目相当可观的剧目,约有二百出,如《三官堂》、《抽门闩》、《站花墙》、《打莲湘》、《掐菜苔》、《告经承》、《双撇笋》、《江汉图》、《辞店》、《戏蟾》、《贺端阳》、《打补丁》、《阴审》、《告老爷》等剧目,在百姓中影响深远,很受青睐。

　　21世纪前后,荆州花鼓戏面临着前所未有的生存危机,一步步走向没落。传承花鼓戏对于丰富和完善中国戏曲史、中国音乐史,以及了解荆州地区过去的人文历史,都将产生一定的推动作用。2006年,荆州花鼓戏入选国家级非物质文化遗产名录,在党和政府的帮助下,慢慢地走出困境,走向新的辉煌。

湖 南 省

巴陵戏

【非物质文化遗产百科名片】	遗产项目	巴陵戏
	所属地区	湖南省岳阳市
	艺术特点	表演具有粗犷朴实、细腻生动的特点,注重"内八块"和"外八块"的表演素质提高,力求准确到位地表述人物的特征。
	传承意义	巴陵戏是湘东北地区戏剧的代表,在湖南省乃至全国的地方大戏剧种中占有重要地位,具有非常丰富的文化内涵,是研究岳阳历史文化和民风民俗的"活化石",又是研究中国戏曲流变和地方剧种成型、发展的宝贵资料。

巴陵戏,因其起源和流行的地区就是古代称为巴陵的湖南岳阳一带而得名,又因艺人皆是出自巴陵和湘阴而被称为巴湘戏,又因巴陵旧时属于岳州的范围内,民间称为"岳州班"。迄今已有三百多年的历史,是湖南省岳阳市最重要的曲艺剧种之一,其主要在湖南、湖北以及江西部分地区流行。

明代万历年间,昆曲传播到湖南岳阳一带,并与当地的民间歌曲、曲调以及方言相结合,逐渐演变为具有岳阳特色的曲艺剧种,明末清初,弋阳腔也传播到岳阳一带,对粗具规模的巴陵戏起了很大的促进作用。乾隆年间,巴陵戏以唱弹腔为主,兼唱昆曲和杂腔小调。清末是巴陵戏的鼎盛时期,出现了很多经典的剧目和职业班社,以及很多有名望的艺人,在表演上皆用岳州官话为主要语言,因

而具有湖南岳阳一带的浓厚的乡土气息以及民俗人情气息,巴陵戏逐渐演变为一个稳定的曲艺剧种,1952 年,正式更名为巴陵戏。2006 年,巴陵戏被列入非物质文化遗产名录。

从昆曲和弋阳腔的声腔中,巴陵戏从中借鉴精华部分形成了独特的声腔,主要以弹腔为主,兼昆曲和杂腔小调。其中弹腔分为西皮和二黄,能够巧妙地将南北二路曲调相互结合融会贯通。南北声腔交汇,具有独特的风格,在演出中,巴陵戏的伴奏方式分为文场和武场,主要以打击乐器为主,如板鼓、堂鼓、大锣、小锣、云锣、马锣等,文场的伴奏乐器很少。巴陵戏有一套完整的锣鼓经,具有独特而震撼人心的效果。

巴陵戏的角色行当主要分生、旦、净三大行。其中生行有老生、三生、小生、贴补等;旦行有老旦、正旦、闺门、二小姐等;净行则包括大花脸、二净、二目头、三花脸等。各行当之间的界限并不严格,一名演员可以表演几个行当。演出中颇注重人物性格的刻画,在表演上有自己独特的表演程式,具有粗犷、细腻的艺术风格。

为了严格把握剧中人物的性格特点和思想变化,巴陵戏的表演分"内八功"和"外八功"等基本功。"内八功"指的是喜、怒、哀、乐、悲、愁等能够表达人物感情的表情,面目表情丰富,增加对这种表情的理解,准确地刻画人物的心里,表达人物情感。"外八功"则泛指手、腿、身、颈及胡子等外部躯体

动作的运用。在表演中,巴陵戏认为眼睛是心灵的窗户,因而在表演中很注重演员眼神表达,目前在巴陵戏中常用的眼神表演有三十多种,如正眼、斜眼、喜眼、怒眼、哀眼、病眼、贼眼、妒眼、媚眼等,更加传神地表达人物的心理变化和性格特点。

在历史中,巴陵戏演员改编和创作了大量的剧本,种类丰富,内容翔实,传统剧目有四百多出,其创作多取材于历史演义和话本,也有从其他曲艺中移植过来的,较为有影响力和深受百姓好评的剧目有《打严嵩》、《九子鞭》、《夜梦冠带》、《崔子弑齐》、《打差算粮》、《张飞滚鼓》、《三审刺客》等。

巴陵戏是湘东北地区戏剧的代表,在湖南省乃至全国的地方大戏剧种中占有重要地位,具有非常丰富的文化内涵,是研究岳阳历史文化和民风民俗的"活化石",又是研究中国戏曲流变和地方剧种成型、发展的宝贵资料。在时代的发展中,巴陵戏没有逃脱掉戏曲没落的趋势,其生存日趋困难,急需社会各界人士和专家学者的帮助,相信不久之后,巴陵戏可以重现往日的光芒。

【非物质文化遗产百科名片】	遗产项目	湘剧
	所属地区	湖南省衡阳市
	艺术特点	在表演中,小生唱用假嗓,念带本音,不掺土语,尤重做工,具有鲜明的风格。
	传承意义	早已是民间自娱自乐不可缺少的艺术形态,对丰富人们的文化生活有着极其重要的作用,鼓励人们更好地为社会主义现代化作贡献。

湘剧,又名大戏班子、长沙班子或湘潭班子,又因其在长沙府十二属湘南东部十多个县市流行,而被称为长沙湘剧,湘剧源于明代的弋阳腔,迄今已有三百多年的历史,是湖南省衡阳市地方曲艺剧种。

明代成化年间,长沙是吉王府所在地。政治和经济的发展,促进了戏曲演出的繁荣。弋阳腔、昆曲以及乱弹先后传播到这个地方,与本地区民间艺术、地方语言紧密结合,逐渐形成了唱白用中州韵、富有本地特色的剧种。在清代中叶,湘剧已经形成具有多种声腔的曲艺剧种,乾隆年间则出现了更多的专业演出剧班,直到新中国成立之前,湘剧已经编写大量的剧本,声腔和表演艺术上已经拥有成熟的体系。

在流传的过程中,湘剧的声腔中吸收了高、低、昆、乱四大声腔于一体,后来又吸收了青阳腔、四平调以及南罗腔、鲜花调等杂曲小调。目前,高腔和乱弹已成为湘剧中的主要声腔。在湘剧中仍然保持着高腔锣鼓伴唱,不托管弦,一人启口,众人帮唱的特点。高腔的板式主要有单板、夹板、散板、滚板、快打慢唱等,唱词多以长短句为主。乱腔有南北路之分,南路有慢三眼、慢放流、慢走马、走马放流、快走马、快打慢唱、散板等板式,北路则有慢板、快三眼、二流、垛子、快打慢唱等板式。低牌子是一种联曲体唱腔。

湘剧的角色行当之间虽然分工细致,但表演中并不受行当的限制,行当有大靠把、二靠把、唱工、小生、大花脸、二花脸、紫脸、三花脸、正旦、做工旦等12行。其中小生分为文巾、罗帽、雉尾、蟒靠之分,讲究穷、文、富、武之别,表演中唱用假嗓,念带本音,表演中拖鞋前行的"跋鞋路"、金鸡独立的"船路",具有浓郁的地方特色。紫脸是湘剧中最具特色的一个行当,表演时演员化妆为紫色脸谱,为净行中的唱工角色。花旦尤其是大脚婆戏,动作粗犷、行为夸张、念白清脆具有很浓烈的湖南乡土气息,因而成为湘剧中的特色部分。

和很多曲艺剧种一样,湘剧伴奏也有文武场面之分,文场以二弦、月琴、笛、唢呐等管弦乐器为主,武场则以鼓板、大钹、大小锣等打击乐器为主,新中国成立后又加入了一些具有舞台效果的乐器。

在历史的发展中,湘剧借鉴其他曲艺剧种的剧目,逐渐形成了拥有独自特色的剧目,如宋末南戏、元代杂剧和明清传奇的剧目有《封神榜》、《四进士》、《岳飞传》、《奇双会》、《目连传》、《白兔记》、《金印记》、《投笔记》、《拜月记》等。辛亥革命和抗日战争期间,出现了一批宣传革命和反对侵略的剧目,如《广州血》、《东北一角》、《血溅沈阳城》、《旅伴》等,新中国成立后更是对传统的剧目进行挖掘整理和创新改编,出现了一

批受百姓欢迎的新剧目。

扎根于民间三百多年来，湘剧在发展中凝注了太多文化历史内涵，具有非常高的艺术研究价值和人文历史价值。湘剧早已是民间自娱自乐不可缺少的艺术形态，对丰富人们的文化生活有着极其重要的作用，鼓励人们更好地为社会主义现代化作贡献。

平江花灯戏

【非物质文化遗产百科名片】	遗产项目	平江花灯戏
	所属地区	湖南省岳阳市平江县
	艺术特点	板腔的结构特点是"方块式"，短小、单一，一个调子一个板式，在一个调内不用慢转快或快转慢，换板用换调的方式来完成。
	传承意义	在时间的洪流中，平江花灯戏早已与百姓的生活融为一体，成为百姓精神文化的象征，具有非常高的感染力和生命力，对完善丰富我国传统的剧种种类，丰富我国的传统文化都有着极其重要的意义。

平江花灯戏，又名"灯戏"，明代时起源于平江县境内和浏阳东乡，是在宋仁宗时期兴起的祭祀酬神的活动基础上，在长时间的与本地民间曲调、歌曲以及曲艺剧种相结合而形成的新型曲艺，表演中以本地语言、俚语相结合提炼出独具一格的舞蹈语言，具有浓厚的乡土气息和民俗风情，因而深得百姓青睐。2006 年，平阳花灯戏被列入非物质文化遗产名录。

早期的表演主要是以旦、丑为主的对子花灯，道具只有简单的扇子、手巾等,表演的剧目剧情简单,往往只是讲述一个民间故事或农村生活片段,在演出中边歌边舞、唱灯调,舞台效果很热闹,具有很强的震撼力。在每年正月初十至元宵节,是花灯戏表演的旺盛时期,艺人们常常组群结对,敲锣打鼓,走村串户地进行表演,但表演节目还是显得单调,在走村串户的过程中,花灯戏吸收了其他地方民歌民调或者曲艺剧种的优势部分,渐渐丰富了自己的演唱曲目和舞台表现力,后来形成了自己的正调,即川调与打锣腔。

在流传的过程中,花灯戏逐渐形成独特的声腔,有板腔、小调及专用曲牌之分。其中花灯戏中的板腔最具有特点,分为川调和打锣腔,川调可以细分为阴川调、双川调、两板半、导板、叫头、哀子等,打锣腔分七字句与十字墩。板腔中与其他剧种不同的是采用"方块式",显得比较单一和短小,在同一个调子内旋律的起伏基本是相平的,转换板式换个曲调就可以了。小调是地方色彩极浓的独特唱腔,具有旋律优美、朗朗上口等特点。专用曲牌则是指艺人创作的在某个剧目某段落专用的曲牌,是一种独立性很强的唱腔。

行当体制,早期有"三个半"柱头之称即生、旦、丑三个,半个是"点余相"。其中"点余相"是行当中最具特色的部分,在表演中演员帽子齐眉戴,戏分不多,但场场需要,因而称为半个柱头。花灯戏在清末发展成一丑、二

净、三生、四旦。其中生行有老生、文生、武生、奶生;旦行有老旦、正旦、闺门旦、摇旦、花旦之分;丑行统称为"三花",即大花脸、二花脸、三花脸,丑行的表演具有诙谐幽默或者狡诈圆滑的特点,往往采用夸张的手法来表现人物的性格特征,令人捧腹大

笑,具有人文气息,是花灯戏中的主要行当,在表演中占据很重要的位置,俗称"跑满台"。

在历史中花灯戏的发展吸取了各类民间舞蹈、武术以及民歌曲调,或者曲艺剧种的长处,形成载歌载舞以及注重躯体语言的表达,具有非常强烈的舞台效果和感染力。其中小丑表演最有特色,表演中说唱技巧难度很大,另外还要求除了具有良好的口才,还要有能够传神的眼睛,眼法也具有很严格的表演规矩,如喜、怒、忧、悲、惊、疯等心理变化要通过眼神的变化形象地表现出来。在旦行还有蛇丝眼、吊眼等眼法,很有特色。花灯戏的化妆则显得很简单和单一,主要用红、黑、白三种颜料。最有特色的要属丑行,如"蛤蟆脸"、"蜻蜓脸"、"花蝴蝶脸"、"蝉丁脸"等脸谱都是丑行中很有特色的部分。

早期的剧目创作多是以诙谐幽默的故事进行改编的,因而多以喜剧、闹剧为多,采用百姓喜欢的说唱方式,用本地方言描述出来,因而具有浓厚的农村生活气息,富有民间特色,很受民众欢迎。在清末时期,随着其他曲艺剧目的传播和演出,花灯戏开始受其影响,移植了部分地方大戏,剧目数量达到一百多出。后来又创作了很多现代戏如《送香茶》、《剪窗花》、《观灯》等,都获得很大的成功。

在时间的洪流中,平阳花灯戏早已与百姓的生活融为一体,成为百姓精神文化的象征,具有非常高的感染力和生命力,对完善丰富我国传统的剧种种类,丰富我国的传统文化都有着极其重要的意义。然而,随着社会生活节奏的加快和电视等其他娱乐方式的出现,花灯戏已慢慢退出了历史的舞台。

广东省

正字戏

【非物质文化遗产百科名片】	遗产项目	正字戏
	所属地区	广东省陆丰市
	艺术特点	表演风格古朴,气魄宏大,特别擅演连台本戏。
	传承意义	正字戏是由古代时期南戏发展而来的,具有非常高的历史文化价值,对研究戏曲声腔的演变以及地方文化对曲艺剧种的影响都提供了非常翔实的资料,是中国戏曲史中的一大宝藏,对丰富我国曲艺史有着不可替代的作用。

正字戏又名正音戏,是一个多声腔的古老稀有剧种,属于元明南戏的一支,迄今已有五百多年的历史,主要在海陆丰以及港澳台地区流行,后来甚至传播到东南亚等地。因其唱词和念白采用中州官话,而在闽南和潮州等地区称为"正音"或"正字"因而得名正音戏或者正字戏,在民众中具有很高的声誉和坚实的群众基础。2006 年 5 月 20 日,经国务院批准被列入第一批国家级非物质文化遗产名录。

明末时期,南戏传播到粤东等地区,并与当地民间歌舞、曲调和民歌以及语言相结合而逐渐演变为新型的剧种,是一个包括正音曲以及昆腔、杂曲、小调等多种声腔的剧种，正音戏为主要声腔的剧种，伴奏乐器以龙舌兰壳制的大管弦为主。清朝时期，正字戏在潮州一带广为流行，出现了很多专业演出的班社和著名的艺人，这时的正字戏班甚至远涉重洋到东南亚演出。民初的时候，正字戏开始在海丰、陆丰两县演出，并积极地创作剧目，促进正字戏的改革和发展。

在吸收其他曲艺剧种的基础上，正字戏的表演分为文戏和武戏两种。文戏的唱腔保留着明代南戏的面貌，以正音曲、唱牌子为主，杂以乱弹、小调等。正音曲受弋阳、青阳古腔、滚唱等影响较深，具有一唱众和，且多滚白、滚唱以及常出现大段大段的唱词等特点。武戏则是指提纲戏，继承了南戏中抖靠旗、抖肌肉、抖髯口、跑布马、武功等表演技巧，在表演中没有或少有唱腔，主要用打击乐器来进行伴奏，以此表现军事场景的澎湃壮观、气势磅礴的景象。

正音曲有散板、头板、中板、快板、牵句等节奏变化，结构较为灵活自由。目前存在的曲牌有一百多个和昆腔曲牌数目相差不大，昆腔有横笛昆、小唢呐昆和大唢呐昆之分。杂曲小调则分为小调、福建调、道士调、乱弹和吹腔。正字戏的角色行当分为红面、乌面、白面、老生、武生、白扇、正旦、花旦、帅主、公末、婆、丑等12行当，各行当之间并没有很严格的界限，但行当之间各有其约束。

五百多年的历史中，正字戏的传统剧目数量高达两千六百多出，分为文戏和武戏两类。文戏有明代南戏剧目的手抄本以及清朝、民国时期的手抄本，具有非常高的历史文化价值。文戏中最有名的剧目如"四大喜戏"、"四大苦戏"和"四大弓马戏"之称的十二真本戏，其中四大喜戏指的是《三元记》、《五桂记》、《满床笏》、《月华缘》；四大苦戏指的是《荆钗记》、《葵花记》、《琵琶记》、《白兔记》；四大弓马戏则是指《忠义烈》、《千里驹》、《铁弓缘》、《马陵道》。武戏的剧目相对要少，如《三国》、《隋唐》等剧目，多为连台本戏。这些剧目久经时间和观众考验，演出经久不衰。

正字戏是由古代时期南戏发展而来的，具有非常高的历史文化价值，对研究戏曲声腔的演变以及地方文化对曲艺剧种的影响都提供了非常翔实的资料，是中国戏曲史中的一大宝藏，对丰富我国曲艺史有着不可替代的作用。

目前，正字戏已经渐渐退出了历史的舞台，只有在广东省一些偏僻的地区和农村，才可以寻找到它的影子。

潮剧

【非物质文化遗产百科名片】	遗产项目	潮剧
	所属地区	广东省汕头市、潮州市
	艺术特点	表演细腻生动，身段做工既有严谨的程式规范，又富有写意性，注重技巧的发挥。
	传承意义	潮剧中具有非常深厚的历史资料和民俗风情，对研究文学、唱腔、表演各方面的发展演变，提供了大量的证据，对于完善我国的曲艺史和研究声腔演变的过程都具有不可替代的作用。

潮剧又名潮州戏、潮音戏、潮调、潮州白字、潮曲，是用潮州本地方言进行唱词和念白的古老的剧种，过去常常在庙会演出因而具有很浓郁的民俗

风情,主要在广东、福建大部分地区流行,后来传播到香港、东南亚、上海等地区,甚至西方国家都有潮剧的影子,因具有浓郁的民俗色彩而深受百姓青睐。

宋元时期,南戏逐渐传播到广东潮州等地区,在流传过程中吸收了弋阳腔、昆曲、梆子、皮黄等特长,在本地民间曲艺剧种如潮州音乐、潮州歌册、潮绣等影响下,演变为以潮州话为语言的新型剧种。

在演变的过程中,潮剧也逐渐形成了独具特色的声腔体系,与其他剧种不同的是,潮剧的唱腔特点主要是在唱腔的用调上,其曲牌唱腔和偶曲唱腔在表演中一般采用轻三六调、重三六调、活三五调、反线调等4种调子,此外还有锁南枝调、斗鹌调,以及犯腔犯调。轻三六调主要用于表述轻松愉快活泼的情调;重三六调则描述庄穆、沉重、激动的感情;活三五调是潮剧唱腔中的特殊音调,用于表现悲哀和幽怨的情感;反线调则是多用于游园玩耍、轻松明快的场面。

在演出的语言上,潮剧也有着自己鲜明的特点,如生活气息和地方色彩浓郁、比喻形象生动。潮剧的帮声以女声帮唱为主,有时也有男声帮唱、男女声混合帮唱。在演出中逐渐完善帮声体系,形成了特色鲜明的多种帮声形式,如句末的帮唱、拖腔和高音区的帮唱、重句与衬句的帮唱等,大大增强了唱腔音乐的表现力和艺术的感染力。

伴奏音乐分文伴和武伴两个部分。文伴主要是以管弦乐器为主,武伴则是打击乐器。伴奏演员的人数很少,其中文伴的带头人是二弦兼唢呐的演奏者,俗称

"头手"，必须是精通二弦和唢呐的管乐吹奏能手，这是一个很大的特色。后来在演出中又增加了很多具有舞台效果的乐器。伴奏曲调优美，轻俏婉转，善于抒情，可以分为鼓科介、唢呐曲牌、笛套、弦诗乐四大类。虽然伴奏音乐和潮州音乐不是同一个范畴，但它们互为补充，互相融合，完善了潮剧的音乐部分。

潮剧传统剧目相当丰富，已发掘出一千三百多个，一类是来自宋元南戏和元明杂剧，传奇如《琵琶记》、《荆钗记》、《拜月亭》、《白兔记》以及《高文举珍珠记》、《何文秀玉钗记》、《绣襦记》、《破窑记》等剧目。另一类是取材于地方民间传说或以当地实事编撰的剧目，如《荔镜记》、《苏六娘》、《金花女》，以及《龙井渡头》、《陈太爷选婿》、《李子长》、《换偶记》、《剪月容》、《柴房会》、《蓉娘》等，这类剧目戏文雅俗共赏，情节曲折有趣，富有地方色彩。新中国成立后又新改编了很多剧目，如《烟花女与状元郎》、《大义巾帼》、《莫愁女》、《刺梁骥》等剧目深受百姓欢迎。

潮剧中具有非常深厚的历史资料和民俗风情，对研究文学、唱腔、表演各方面的发展演变，提供了大量的证据，对于完善我国的曲艺史和研究声腔演变的过程都具有不可替代的作用。

然而随着时代的发展和进步，潮剧也没能摆脱落后没落的趋势，潮剧面临着一系列事关生存的问题，使得潮剧站在生死存亡的关头，急需人们的保护和抢救。因此，国家把潮剧列为非物质文化遗产，并对其展开全面妥善的保护。

【非物质文化遗产百科名片】	遗产项目	粤剧
	所属地区	广东省广州市,佛山市
	艺术特点	在表演中,戏曲中主要人物出场时的自我介绍,很具有特色。舞台美术风格近乎写意。
	传承意义	粤剧历史悠久,是南戏的继承者,保留了许多珍贵的原始曲牌,剧目中也大多反映元明时期的社会风俗和民间俗事,在民俗学、民族音乐史和戏曲史等方面均具有很高的历史文化价值和研究价值。

　　粤剧,又称"广府大戏"、"广东梆黄"、"广东梆子"、"广东大戏",发源于广东佛山,是由明代时期的南戏演变而来,是糅合唱做念打、乐师配乐、戏台服饰、抽象形体等的表演艺术,也是广东地区的代表戏曲之一。主要在广东及其周边省市流行,一段时间流传到大江南北,甚至在海外地区也有粤剧的影子。

　　明朝嘉靖年间,南戏流传到广东、广西等地区,并与当地的民间曲调和歌舞等相结合形成了具有广东特色的新剧种,在演变的过程中受到弋阳腔、昆腔、汉剧、徽剧、秦腔等多个剧种的滋润与影响,取各家之长,形成既有传统的戏曲文化特征,又有浓郁的岭南文化特色。粤剧起先是以桂林话为语言,后来改为粤语。清朝时期,广东一带出现数量可观的粤剧剧班,形成了豫剧历史上第一个兴盛时期。1912 年前后,粤剧演出语言基本上全以广州方言为主,在其他曲艺剧种的影响下,其表演体系日趋完善,并在梆簧中穿插民歌小调,并用假声来适当地辅助演员的歌唱。

197

在历史上粤剧的唱腔以梆子、二黄板腔体为主，兼有高腔、昆腔及广东民间说唱、小曲杂调等曲牌体。粤剧的伴奏分为文武场，主要是指管弦乐器和打击乐器，管弦乐器由二弦、月琴、三弦、竹提琴、高胡等为主。打击乐器则有沙鼓、卜鱼、高边鼓、大钹等。最初粤剧的角色行当为末、生、旦、净、丑、外、小、夫、贴、杂十大行当，后精简为文武生、小生、正印花旦、二帮花旦、丑生、武生六类，即"六柱制"。粤剧的表演粗犷豪迈、质朴，有耍筋斗、滑索、踩跷、运眼、甩发等绝活。其打戏都是从南派武功继承过来的，如粤剧中高难度的椅子功和高台功。粤剧化装简练，色彩浓艳，最常见的就是"红白脸"。

戏服模仿明代衣冠式样，并加以改良，多用广绣，精美华丽，富有浓郁的地方特色。

五百多年的历史中，粤剧形成了自己完善的剧目体系，剧目中有称为演员开山戏的江湖十八本，以及后来改编的新江湖十八本，清朝同治中期的大排场十八本。江湖十八本剧目有《一捧雪》、《二度梅》、《三官堂》、《四进士》、《五登科》等；新江湖十八本则是以《黄花山》、《西河会》、《双结缘》、《雪重冤》等剧目为主；大排场十八本是指《苏武牧羊》、《黛玉葬花》等剧目。还有其他在百姓中影响较为深远的剧目如《罗成写书》、《白金龙》、《平贵别窑》、《火烧阿房宫》、《宝莲灯》、《凤仪亭》等。

粤剧历史悠久，是南戏的继承者，保留了许多珍贵的原始曲牌，剧目中也大多反映明元时期的社会风俗和民间俗事，在民俗学、民族音乐史和戏曲史等方面均具有很高的历史文化价值和研究价值。粤剧的影响范围遍及全球各地，在世界华人中具有极强的文化凝聚力。

白字戏

【非物质文化遗产百科名片】	遗产项目	白字戏
	所属地区	广东省汕尾市海丰县
	艺术特点	在拉腔和尾腔的地方，不唱字而只唱一种有声无字的"噯咿噯"的腔调。
	传承意义	在时代的发展和积累中，白字戏的影响十分深远，凝注了大量的风土人情和民间俗世，具有非常高的历史文化价值和研究价值，对丰富我国的曲艺史有着极其重要的作用，可以提高人们的文化生活水平和精神文明素质。

　　白字戏，又名啊咿噯，或者潮州白字、顶头白字，是在元末明初时由闽南传播到粤东地区，并与当地的民间歌曲、舞蹈、曲调以及曲艺剧种相结合，改用当地方言演唱，逐步形成具有浓厚地方特色的海陆丰白字戏。主要在海丰、陆丰等粤东地区广为流行，后来甚至在全国都具有影响力，一度曾经传播到海外地区。

　　早期，白字戏如与正字戏同地演出，正字戏居正棚，白字戏居偏棚；另外还有半夜反的说法，即二者如同台演出，则正字戏在前半夜，白字戏在后半夜。白字戏与梨园戏在剧目、唱腔、舞台表演、音乐等方面都具有乡土的特点，尤其是附近的潮调，两者除方言有点差异外，其他几乎如出一辙。由此可以推断，白字戏或者正字戏曾经受到过梨园戏和潮剧的影响。

　　明末白字戏已经流行。开始出现了很多专业的演出班社，到了清末民初，白字戏在其他曲艺剧种的影响下，已经在声腔、表演、舞台、音乐等形成了成熟独特的体系。新中国成立后，白字戏更是获得极大的发展。

受到弋阳腔等声腔的影响，白字戏的唱腔结构以曲牌联套体为主，也有部分板式唱腔，它保留了高腔的联曲、滚唱、一唱众和等形式和特点。在舞台语言上，白字戏并不是直接用方言唱、念，而是经过艺术处理把方言在唱词里口语化，如俗语、俚语、谚语、歇后语、口头语、谐音语等用在剧目的唱词中，通俗易懂，简单朴素，地方色彩浓烈。在白字戏中有一种独特的拉腔调式，叫"嗳咿嗳"，即在拉腔和尾腔的地方，不唱字而只唱一种有声无字的"嗳咿嗳"的腔调。

在流传过程中，白字戏接触最多的就是普通的百姓，因而在其剧目里大多都是根据家庭生活故事进行改编的，也有一些是根据明清传奇改编的，有两百多出，其中全连戏较多，锦出戏较少。这些剧目可以分为大锣戏、小锣戏、民歌戏、反线戏、科白戏等5种。大锣戏音乐显得比较端重，在表演上其声腔常采用高腔。小锣戏唱腔则流畅轻快，极具粤东地区的特色；白字戏的主要剧目人称"八大连"，八大连的代表剧目有《同窗记》、《荔镜记》、《珍珠记》、《三元记》、《珍珠衫》、《临江楼》、《还魂》等，另外还有《白鹤寺》、《白蛇传》、《访友记》、《书琴缘》、《天门阵》、《白罗衣》等剧目，也有根据现实生活改编的现代剧如《金菊花》、《红珊瑚》等，很受民众喜欢。

在时代的发展和积累中，白字戏的影响十分深远，凝注了大量的风土人情和民间俗世，具有非常高的历史文化价值和研究价值，对丰富我国的曲艺史有着极其重要的作用，可以提高人们的文化生活水平和精神文明素质。

进入 21 世纪后,随着娱乐产业的发展和审美的多元化,白字戏的演出市场逐渐萎缩,观众数量减少、人才短缺、传统剧目和富有特色的行当艺术及其他舞台艺术等已经到了决定生死存亡的紧要关头。

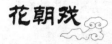
花朝戏

【非物质文化遗产百科名片】	遗产项目	花朝戏
	所属地区	广东省河源市紫金县
	艺术特点	具有一人领唱、众人帮腔,唱念结合、灵活自由的特点。道白口语化,常将快板穿插其中。
	传承意义	花朝戏的传统剧目题材多取自民间传说,花朝戏在民间文学、民间音乐、民俗文化、宗教文化等方面都具有较高的学术研究价值,对丰富我国的曲艺史有着极其重要的作用,可以提高人们的文化生活水平和精神文明素质。

明清以来,在广东紫金县等地区流行着一种祭祀酬神的活动称为"神朝",神朝采用百姓喜闻乐见的歌舞形式进行表演,后来逐渐演变为民间的文化娱乐方式,为了取悦观众,演员对神朝的曲目可进行改编,开始加入些轶闻趣事,使表演看起来谐趣花哨,同早先祭祀酬神时的严肃截然相反,因而得到人们的青睐,称之为"花朝"。花朝戏用客家话演唱,具有浓厚的乡土气息,在广东省东部客家地区广为流行。2006 年,花朝戏入选非物质文化遗产名录。

为了具有独特的舞台效果,花朝戏演员善于从生活的细微处寻找动作表演,在常年累积中,逐渐形成了上山、下坡、推磨、纺棉、涉水、过桥、挑担、洗衣、碾米、织麻、采花、摘果等众多来自民间的具有生活气息的表演程式。在表演中,表演手法以及台步、身段都与其他曲艺剧种不同,如比较固定的砻心脚、丁点步、穿心手和扇花、圆手、采花、滚巾、转步等都具有独特的艺术风格,动作比较粗犷、豪迈,保留了农民质朴的特征,因而很受百姓喜爱。在演出上,花朝戏以演出民间小戏见长,这点与山歌剧、采茶戏、花鼓戏相同。但彼此在声腔和表演上各有特色,因而彼此影响,相互交融。

在其他剧种的影响下,花朝戏的唱腔曲牌有一百多种,属于曲牌体,是用本地方言演唱的民间小戏剧种。曲牌主要由神朝腔和民间小调构成。演唱中保留了高腔的部分特点,如一人领唱、众人帮腔,唱念结合、灵活自由。为了使角色便于被观众理解,其唱词和念白均做了口语化的处理,为了增加舞台效果,常将快板穿插其中。

借鉴花鼓戏以及其他曲艺剧种的表演方式,花朝戏的角色行当分生、旦、丑3个行当,其表演皆以民间小戏为主,民俗风情浓郁。生行有正生、小生、老生;旦行有正旦、花旦、小旦、青衣;丑行有小丑、三花。早期的伴奏乐器有唢呐、胡笛、二弦、单打、扬琴等。表演载歌载舞,质朴清新。

在花朝戏的音乐唱腔中,可以将其分为"庙堂音乐"、民间小调两大类,属多段联曲体形式。神朝形式有"四平腔"、"鸡歌"、"南路腔",还有迎神、头

坛、出符、作酒、打更、申文等专用曲,都属"庙堂音乐"。民歌小调则是以当地二十多种山歌以"怨苍天"、"猜谜调"、"送货调"、"长工苦"为主的七十多种民间小调,共有一百多种曲牌。

　　在历史上花朝戏传统的剧目有一百多出,比较有影响力的有《秋丽采花》、《卖杂货》、《三官进房》、《过渡》、《苏丹》、《紫云英》、《红石岭》、《刘三姐》、《巧姻缘》等剧目,因具有浓烈的乡土气息而深受百姓欢迎。

　　花朝戏的传统剧目题材多取自民间传说,花朝戏在民间文学、民间音乐、民俗文化、宗教文化等方面都具有较高的学术研究价值,对丰富我国的曲艺史有着极其重要的作用,可以提高人们的文化生活水平和精神文明素质。但是,花朝戏的演出目前已不常见到,急需社会各方面对花朝戏进行保护和挖掘,以恢复往日的辉煌局面。

广西壮族自治区

【非物质文化遗产百科名片】

遗产项目	邕剧
所属地区	广西壮族自治区南宁市
艺术特点	风格古朴、粗犷，其文戏表演细腻，注重人物内心感情的抒发。
传承意义	在历史发展中，邕剧对本地区的人文娱乐作出了独特的贡献，对各种地方戏曲剧种也有着很大的渊源，对于研究戏曲板腔体系、戏曲音乐结构的演变提供了非常翔实和重要的资料，对丰富我国的曲艺剧种有着极其重要的促进作用。

邕剧，清朝时期在宾阳戏和武鸣老戏的基础上发展形成，属皮黄系统，因形成于南宁，而南宁在古时被称为"邕"，因此而被人们称为"邕剧"。邕剧的表演具有细腻成熟，优美典雅的特点和充满睿智的语言而深受人们的喜爱。邕剧主要在广西壮族自治区的许多县区及云南省的部分地区，甚至在越南、柬埔寨等东盟国家广为流行。

自清朝嘉庆、道光年间起，南宁及其周围地区，许多带有本地方言的曲艺剧种开始流行，被人们称为"本地班"或"南宁班"。早期的演出比较简单，道具也显得很粗糙，曲目是根据民间故事改编的小戏，但本地区的色彩强烈。1933年,南宁举办"游艺会",当时的剧班在演出时首次公开了"邕剧"的名号,与当时流行的粤剧和桂剧同台演出竞争。为了满足群众的文化娱乐需求,邕剧戏班纷纷开设,一时间广西地区处处可见邕剧演出的身影。1951年元月,正式成立邕剧团,邕剧得到进一步的发展。

在发展中,邕剧受到皮黄的影响,其唱腔也是以皮黄声腔为主,安庆调、罗罗腔、补缸调及地方小调为辅。在皮黄南北二路的影响下,邕剧的声腔既有北方的豪爽大气,也有南方的细腻精致,南北交汇,令人眼花缭乱,风格不一的特点又吸引着不同需求人们的兴趣,因而邕剧很受不同教育层次人们的喜爱。邕剧的脸谱也是一个独特的风格特点,多专角专谱,有一百多种。常用黑、红、白、绿、黄五色,有时也用蓝、灰、金等色。脸谱的表演中最有成就的要属李名扬,在表演中能够做到脸色瞬间突变,由青变红,再由红泛青,红时红得透顶,青要青得吓人。

岭南地区独特的文化形成了邕剧独特的表演程式,常用的有甩发、宫仔、孖宫仔、马步、跳台、过山等表演形式,在时间的累积中,演员们逐渐摸索出了许多独特的绝技,如吐血、十八罗汉架、气功变脸、罗帽功等,在邕剧中,武戏则显得粗犷激昂,表演夸张、泼辣,讲究用实力来表演,极具有舞台效果和感染力。

邕剧传统剧目大小共七百多出,具有岭南地区独特的地域特色,很受百姓青睐。邕剧中影响力较大的剧目有《杨八姐搬兵》、《五台会兄》、《王六郎》、《陈塘关》、《七状纸》、《红碗记》、《西河会妻》、《三进士》、《百鸟衣》、《春满柜台》、《长生

乐》、《霸王归天》、《纪鸾英招亲》等，这些剧目久经演出，百看不厌。

在历史发展中，邕剧对本地区人民的业余文化生活作出了独特的贡献，对各种地方戏曲剧种的传承和发展有很大的影响，对于研究戏曲板腔体系、戏曲音乐结构的演变提供了非常翔实和重要的资料，对丰富我国的曲艺剧种有着极其重要的促进作用。

随着时代的进步和发展，邕剧目前面临着很多困难，许多绝技已经失传，后人只能在老艺人的描述中想象当年的神奇了。因此，邕剧被列入非物质文化遗产名录。并得到政府和社会各界人士的帮助，积极地走出困境。

桂剧

【非物质文化遗产百科名片】	遗产项目	桂剧
	所属地区	广西壮族自治区
	艺术特点	唱做念舞皆重，尤以唱功细腻、做工传神见长，表演质朴细腻，唱腔委婉动人、清澈明亮，具有浓郁的乡土气息。
	传承意义	扎根于民间的桂剧融会了广西特有的风土民情和人文特点，逐步形成了富有乡土气息的风格特色和贴近生活的质朴简约之美，具有非常高的历史文化价值和研究价值，对丰富我国的曲艺史有着极其重要的作用。

桂剧，俗称桂戏或桂班戏，是用桂林方言演唱的剧种，是广西地区最具特色的曲艺剧种之一，其表演具有细腻真实、灵活机动的特点，在表演中极其重视以细腻而富有生活气息的表演手法塑造人物，借助面部表情和外部

躯体动作来表达人物的性格
特征和思想感情的变化。桂
剧主要在桂林、柳州、河池、
南宁等地市和梧州地区流
传，后来甚至在全国很多地
方都广泛传播，细腻真挚的
人物情感表达，具有浓厚的
乡土气息，深受桂林人民的
喜爱。

　　明末清初，昆山、弋阳和乱弹等声腔已流行于桂林一带。与桂林等地区
的民间歌曲、小调、歌舞以及其他曲艺剧种相结合，逐渐形成了一种以桂林
话作为舞台语言的新型剧种，后人称之为桂剧。不久后，桂林地区开始出现
专门表演桂剧的戏班，随着桂剧的不断发展，戏班越来越多。光绪年间，桂
林建立起第一个戏院——景福园，不久后桂林各地戏院林立，桂剧传播到
更广的地区，这时京剧开始传播到广西，桂剧在剧目、表演、化妆、服饰、布
景等方面都借鉴了京剧的艺术形式，对桂剧的改革产生了很大的影响，桂
剧作为一个剧种，逐渐走向成熟。

　　1944年在西南剧展展演，桂剧获得极大的成功，被人们称为中国十大
戏曲剧种之一。中华人民共和国成立后，桂剧在党和政府的领导下，积极发
展，进入了兴盛时期。1953年，成立了广西国营桂剧艺术团，为桂剧的传播
和发展更是奠下了坚实的基础。此后一段时期，各种桂剧专业剧团开始建
立，桂剧于20世纪50年代进入了黄金时代，这时桂剧的演出剧目种类繁
多，除了从别的曲艺剧种移植过来的，更多是自己改编或创作的剧目。2006
年，桂剧入选为非物质文化遗产名录。

　　在汲取祁剧、京剧、昆曲等剧种的声腔和其艺术风格上，桂剧形成了唱做念舞皆重,尤以唱工细腻、善于表达人物感情而著称。桂剧的声腔音乐是板腔体,属皮黄系统,以高腔、弹腔为主体,另外还有昆腔、吹腔及杂腔小调等。高腔,源于弋阳腔,其特点是旋律激越、高昂悲壮,在演出中仅用锣鼓伴奏,另外在句尾常常采用后台帮腔的特点也在桂剧中保留了下来。

弹腔,分二黄和西皮两大系,其中西皮显得高亢雄壮,而二黄则有点委婉低沉;桂剧的表演中保留了二黄和西皮略显冲突的风格,既有南方的细腻柔美之处,也有北方的雄壮高亢之美。昆腔,旋律比较委婉低回。吹腔,有男腔和女腔之分,而且男女不同腔,以唱为主,唱念结合,在表演中,男腔则显得端庄、大方,女腔流畅、轻快;其旋律则显得委婉低调,善于表达低沉的心情。

和其他剧种一样,桂剧的伴奏乐队也分为文场和武场。文场乐器主要以二弦、月琴、三弦为主,辅之以胡琴、曲笛、梆笛、唢呐、海笛等,后来也添加了在特定场合使用的乐器,以增强舞台表现力和感染力;武场则是以打击乐器为主,如板鼓、战鼓、大小堂鼓、板、大小锣、大小钹、云锣、星子、碰铃等乐器,都是桂剧武场中常用的乐器。文场和武场风格各异的伴奏乐器,已经形成桂剧声腔音乐的重要组成部分。

在发展中,桂剧的角色行当逐渐变得完善,分为生、旦、净、丑四大行当。其中生行则分生、末、外、小、武;旦行中分为旦、占、贴、夫;净行则分为净、副净、末净;丑行只有大丑和小丑之分。各行当之间受京剧的影响,在表演上风格各异。表演中,桂剧采用桂林方言作为舞台语言,声调优美,抑扬有致。其表演具有质朴细腻,唱腔委婉动人等特点,具有浓郁的民间风情。桂剧在表演上注重做工,尤其是善于以细腻真实的手法来塑造表演的人物,力图传神形象地表达人物的性格特征和感情变化。

扎根于民间的桂剧融会了广西特有的风土民情和人文特点,逐步形成了富有乡土气息的风格特色和贴近生活的质朴简约之美,具有非常高的历史文化价值和研究价值,对丰富我国的曲艺史有着极其重要的作用。

彩调

【非物质文化遗产百科名片】	遗产项目	彩调
	所属地区	广西壮族自治区
	艺术特点	深深扎根于乡村民众之间，又和当地民间俚曲小调紧密结合，彩调形成了内容谐趣、形式活泼的表演风格。
	传承意义	彩调中具有非常深厚的历史资料和民俗风情，对研究文学、唱腔、表演各方面的发展演变，提供了大量的证据，对于完善我国的曲艺史和研究声腔演变的过程都具有不可替代的作用。

　　彩调，是源于桂林地区由民间歌舞、曲调、音乐形成的一种说唱的"对子调"，彩调是广西地区最具民间特色的地方曲艺剧种，主要在广西及其邻近地区流行，深受百姓青睐。彩调可能是我国别称最多的曲艺剧种，如调子、彩调、彩灯、嘓嗨嗨、调子戏、采茶戏、彩灯、大采茶、嗨嗨戏等都是彩调在历史中使用过的别称，1955年才正式更名为"彩调"。

　　早些时候，在广西各地流行采茶歌、彩灯一类歌舞，但并没有形成新的曲艺剧种。清代中期湖南因为战乱很多人被迫远离家园，逃到贵州、广西等地区，并把花鼓戏带到了广西，与广西地区的民歌、小调等相结合，逐渐形成源于花鼓戏又有别于花鼓戏的新剧种彩调。清道光年间，广西各县市出现了很多教授花鼓戏和调子的专业演员，慢慢地出现了很多戏班，为了吸引观众，小调从湖南花鼓戏的剧目中得到启发，调子戏由曲目简单的二小戏演变为有故事情节的三小戏,并不断地借鉴其他曲艺剧种的剧目来丰富自己,调子戏很快就达到了鼎盛时期。

受民间曲调和声腔的影响,彩调唱腔分为板、腔、调三大类,其中板有诉板、哭板、骂板、忧板等;调有比古调、走马调等;腔的分法则显得比较特别,有按角色行当区分的,有按剧中人物的身份或者职业区分的,也有按照躯体的动作进行区分的,如小生腔、旦角腔、丑角腔等则属于按行当区分;相公腔、花子腔则明显属于按人物的身份区分的;挑担腔、饮酒腔则是按照躯体动作区分的。另外,彩调唱腔中还兼有很多民间小调,如鲜花调、十月花等。

演出中主要以小戏为主,所以彩调的行当比较简单,只有生、旦、丑三大行当,其中生行分为小生、老生、娃娃生三类,在表演中,小生多饰机智勇敢,活泼可爱的有志青年,表演要求很高,唱、做、念、舞并重;旦行则分为花旦、正旦、老旦、摇旦四类,其中正旦代表正面人物,举止端庄,说话到位不逾越一分,以唱、做见长;丑行则分为正丑、烂丑、褶子丑三类,是彩调中最具特色的部分,演出人物多以农民和各种职业的劳动者为主,表演诙谐滑稽或者狡诈圆滑,动作较为夸张。

目前彩调的音乐伴奏分左场和右场,左场主要是弦乐乐器,主要以调胡为主,辅之以扬琴、琵琶、三弦、唢呐、笛子等乐器。右场则以打击乐器为主,如大小锣、板鼓。打击乐器的锣鼓曲牌较简单,常用的有三点头、一条龙、一钹等。

由于历史和地域的原因,彩调剧目取材主要是以民间百姓的生活故事,如劳动、爱情、家庭生活等,在民间中拥有很多手抄剧本。在表演中,以小生、小旦、小丑等载歌载舞和说唱表演为主,具有良好的舞台效果,极易引爆人们的感情点,因而在演出现场常常可以看到观众在舞台下与演员相互配合、舞蹈,尤其是彩调中的独特的步法最为吸引人。表演中常用的道具有扇子、彩带和手帕,被称为彩调的"三件宝",彩调内容谐趣、形式活泼的表演风格具有浓烈的乡土气息和民俗人情气息,而且在演出中又常采用民间俚曲小调,使得彩调的表演变得更多通俗易懂。

彩调中具有非常深厚的历史资料和民俗风情,对研究文学、唱腔、表演各方面的发展演变,提供了大量的证据,对于完善我国的曲艺史和研究声腔演变的过程都具有不可替代的作用。

然而,随着经济的发展和社会的进步,知道和了解彩调的人越来越少,彩调正在面临着和其他曲艺剧种一样的生存危机。2006年,彩调这一来自民间,为人民服务的剧种,被列入非物质文化遗产名录,并得到了专家和学者的帮助,积极地走出目前面临的困境,走向新的辉煌。

第五章
西南地区戏剧

重庆市

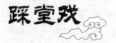

【非物质文化遗产百科名片】	遗产项目	踩堂戏
	所属地区	重庆市
	艺术特点	丑角舞步的表演,热烈放纵、摇晃颠簸,显得动感十足。
	传承意义	是重庆地区有名的曲艺剧种,在国内和国外都有很大的影响力,有利于完善我国的曲艺种类,促进我国民族文化走向世界,从而促进我国社会主义文化的发展,为经济建设提供更好的支持和帮助。

　　踩堂戏,因为所处地域不同而被称为巴山踩堂戏、巴东踩堂戏、土家踩堂戏等,在历史上则被称为堂戏、花鼓戏、稿荐戏、人大戏等,是一种由世代耕耘、土生土长的"下里巴人"根据民间小调和歌曲进行创作的新剧种,在三峡库区的重庆市以及湖北部分地区广为流行,尤其在大巴山腹地一带更是人人张口皆会唱踩堂戏,踩堂戏中具有俚俗的民间色彩和强烈的乡土气息,因而很得百姓的青睐。

　　据资料记载,武则天称帝,老臣宿将举兵反抗,"通城虎"薛刚反唐后兵败,被武三思大军追赶,从九焰山经房州遁入神农架原始森林中。途经紫竹河与落草女将纪鸾英结为夫妻,随后在巴东边界大九湖"挂字号"筑台,点将练兵,闲暇时为娱乐九营将士,纪鸾英夫妇二人仿长安京城花灯上的人物故事分扮角色做戏,从此流传后世,衍为唐戏。唐戏即是早期的踩堂戏。

在大巴山地带,流行着一种在薅草锣鼓基础上以"花鼓子"的曲艺种类,在其流传的过程中,梁山调、湖北越调、太后调、汉调、川调等地方戏曲逐渐传播到大巴山地带,深受影响,逐步演变在腔调、曲牌、场面和表演形式等方面都具有独自特色的踩堂戏。

深受民间曲调、音乐的影响,踩堂戏的唱腔也被打上了民间的印号,其属于板腔体,唱腔主分为大筒子腔的"梁山调"和小筒子腔以及唢呐腔与高腔等。大筒子腔所唱的多是民间生活小戏,也称为花戏,多是以民间百姓的生活故事,如爱情、家庭生活等改编的故事。小筒子腔所唱谓之"正戏",主要是以王侯将相、名媛闺秀为反映对象。与花戏主要以平民百姓为主正好形成对比,特色鲜明。二者在表演中各领风骚、各显神通。

在表演中,踩堂戏的伴奏乐器分为文场和武场。其中文场以管弦乐为主,其乐器主要有四胡、京胡、唢呐等;武场以打击乐器为主,如小堂鼓、盆鼓、边鼓、梆子、大钹、二锣等。在舞台语言上,踩堂戏采用的是土家方言,是一个颇为复杂的方言种类,方言中有 13 个半韵辙,如抓马、菠荷、黑白、提习、苦读、开怀、亏为、豪淘、田候、仙天等。唱腔抑扬顿挫、变化多端,起伏较大的特点,在表演中极易捕捉观众的感情点,具有很强的舞台表现力和感染力。

由于剧目来自民间传说的故事,多数都很简短,以幽默见长,所以踩

堂戏的表演时间多以十多分钟一出戏,除了大戏和连台戏外,一般不会超过半个小时。踩堂戏的传统剧目有近百出,多是演员根据民间故事自编自创的,具有很浓郁的民间色彩和生活气息。在民众中较为有影响力的剧目有《南山耕田》、《平贵回窑》、《天仙配》、《占花魁》、《王麻子打桩》、《丁癞子讨亲》等。踩堂戏多是以口传心授为传授方法,大多数剧目没有剧目可寻。很多剧目就在这种较为落后的传承方式中失传了。

踩堂戏是重庆地区有名的曲艺剧种,在国内和国外都有很大的影响力,有利于完善我国的曲艺种类,促进我国民族文化走向世界,从而促进我国社会主义文化的发展,为经济建设提供更好的支持和帮助。然而,由于各种原因,踩堂戏开始慢慢地衰落,已经到了生死存亡的关键时刻。因此,踩堂戏入选非物质文化遗产名录,并得到了妥善的保护和支持,目前,踩堂戏正在党和政府的扶持下积极地走出困境。

灯戏

【非物质文化遗产百科名片】	遗产项目	灯戏
	所属地区	重庆市梁平县
	艺术特点	小戏多、喜戏多、闹戏多。
	传承意义	灯戏是川北地区历史最悠久、覆盖面最广、影响最大、群众基础最为深厚的传统民间艺术形式之一。具有非常高的历史文化价值和研究价值,对丰富我国的曲艺史有着极其重要的作用。

灯戏是重庆、四川地区独特的曲艺剧种,在节日或者农闲时常常会看

到这种小戏的表演,因其源于民间,生长和发展于民间,因而具有小戏多、闹戏多、喜戏多等民间小戏的特点,场面大的剧情较为复杂的剧目在灯戏上很少见,因其发展皆以民间为主,因而具有浓郁的民俗人情和乡土气息,很得百姓喜爱,灯戏在发展中逐渐演变为川剧的重要声腔之一。2006年,灯戏入选非物质文化遗产名录。

秦汉以来,在重庆等地区,有一些具有封建迷信色彩的巫婆、巫师,常常大叫大唱大跳,有时还采用伴奏乐器,壮大声势,以此来让人们相信其巫术。受其影响,知识落后的巴地人们,在遇到不顺心的事情,常常会三两个人聚在一起,又吼又叫,又唱又跳,来表现自己或喜或悲的情绪。后来慢慢地更据亲眼所见的或者听说的民间故事,而进行剧目创作,逐渐形成带有情节故事和伴奏乐器的剧种。随着剧种的发展,其原先浓厚的封建迷信等色彩也慢慢淡化,到了元代这种唱曲开始流行起来。到了明代,很多戏剧开始出现,灯戏也渐渐在其他曲艺剧种的影响下开始进行了全面的改革,并在实践中不断地进行创新,演变为具有自己成熟体系的剧种。

在早期,灯戏只是人们自娱自乐的一种方式,在农闲或者节日时期,常常可以看到其演出,演员多为半农半艺,属于业余性质。为了在农村中获得百姓的喜爱,灯戏从规模、道具、演出场地等方面均按照农村的条件来进行安排。如场地不需要太大,只要有一块能容纳三五个人的活动平地,如院子、堂屋等。演出中,观众不受方向的限制,可以从任何角度来观看灯戏。早期灯戏的道具和服装都很简单,后来才根据剧情需要设置了服装。乐器开始也是盆、盘、碗等民间百姓可以

用来击出声音的用具,后来慢慢地被二胡、唢呐、锣、鼓等乐器取代。

最早的灯戏剧目就只有单一的一个情节,往往表演几分钟便结束,后来才慢慢地由这种小幕单场发展到大幕多场,演出风格多以诙谐幽默为主,剧目也开始由单一向复杂转变,分为正灯、地灯、浪浪灯三大类别。在灯戏的剧目取材中,多是以民间现实生活故事为主,也有一些反映过去时代的。戏词多以四句一组,唱多念少,有时候一人主唱,后人帮腔,前台主唱,后台帮腔,一唱一和,相映成趣。

灯戏是川北地区历史最悠久、覆盖面最广、影响最大、群众基础最为深厚的传统民间艺术形式之一。具有非常高的历史文化价值和研究价值,对丰富我国的曲艺史有着极其重要的作用。

目前,灯戏面临着很多生存危机,如剧团中的演员老龄化,年轻人受流行文化的影响,对传统的、民间的东西接受困难,灯戏的很多绝技面临着失传,而且灯戏采用口传心授的传承方式,使得很多剧目遗失,灯戏亟须党和政府的扶持,并对其进行妥善的保护,使其能够继续传承和发展下去。

四川省

【非物质文化遗产百科名片】	遗产项目	川剧
	所属地区	重庆市
	艺术特点	川剧语言生动活泼，幽默风趣，充满鲜明的地方色彩，浓郁的生活气息和广泛的群众基础。
	传承意义	川剧具有巴蜀文化、艺术、历史、民俗等方面的研究和认知价值，在中国戏曲史及巴蜀文化发展史上具有十分独特的地位。对丰富我国的曲艺史有着极其重要的作用。

　　川剧，是历代川剧艺人在漫长的历史中创作并传承下来的具有四川地区浓郁特色的曲艺剧种，是四川省最重要的曲艺剧种，主要在四川、重庆及贵州、云南等地区流行，甚至一段时间在大江南北引起轰动，在相隔万里的西方国家仍然可以看到川剧的影子，尤其是川剧变脸，更是在大江南北广为流行，即使现在，仍有很多人慕名学习，川剧是宝贵的民间财富，因其表演生动活泼、复杂多变、种类丰富，能够满足不同年龄段不同教育程度人的需要，因而很受百姓青睐。2006年，川剧被列入非物质文化遗产名录。

　　清代乾隆时，四川重庆地区流行着一种简单的花灯戏，在流传过程中，吸收融会江苏、安徽、广东、陕西、甘肃各地声腔,并于本地的民间歌曲、曲调以及舞蹈相结合,在历史中演变为含有高腔、胡琴、昆腔、灯戏、弹戏5种声腔风格独特的川剧。其中高腔是川剧的主要声腔,具有浓厚的地方色彩,旋律优美、曲调动人,川剧中甚至还保留了高腔一人主唱,众人帮腔的方式。其帮腔多采用领腔、合腔、合唱、伴唱、重唱等方式,风格独特,耐人寻味。昆腔、高腔、胡琴腔、弹戏4种声腔在本地流传的过程中,为了吸引观众,逐渐吸收了本地区的民间歌舞和曲调,在言语上也采用本地方言并尽量口语化,演变为川剧中昆、高、胡、弹、灯5种主要声腔。在5种声腔中,除了灯调是本地区独有的,其余皆是由外地传播而来。

具有很强包容性的川剧,在音乐上博采众长,兼收并蓄,它吸收了五大声腔中的丰富的营养,并在本地区声韵、音乐以及曲调的影响下,相互结合、相辅相成,演变为形式多样,剧目和曲牌丰富以及风格不一的地方曲艺剧种。伴奏乐器主要采用锣鼓、唢呐曲牌以及琴、笛曲谱等音乐形式。川戏锣鼓,是川剧音乐的重要组成部分。其使用乐器共有二十多种,常用的可简为小鼓等。

川剧中最有特色的表演方式要属变脸,在改变脸上的色彩中,揭示剧

中人物的内心及思想感情的变化,把原先抽象化的心理状态或者情绪演变为可见、可感的具体形象,用不同的脸谱来表述表演中人物心理细微变化之处,很有创新性。变脸的手法大体上分为3种:抹脸、吹脸、扯脸。此外,还有一种运气变脸。运气变脸是其中较为难以操作的表演方式,对演员的要求很

高。抹脸指的是在脸上涂上颜料,用手掌触摸而变脸的形式;各种变脸手法之间大同小异,采用障眼法进行描述。

在行当上,川剧分为小生、旦角、生角、花脸、丑角 5 个行当,各行当之间有着很严格的界限,具有各自独特的表演方式,和其他剧种一样,川剧中的旦角表演算得上是川剧中最具特色的部分。川剧的表演能够充分吸取虚实相生、遗形写意的特点。为了吸引更多的观众,川剧艺人可谓是煞费苦心,创作了变脸、水袖、藏刀、吞火圈等绝技,舞台效果非常火暴,具有强烈的视觉和听觉效果。人们很喜欢这种粗犷中却带着细腻的表演方式,川剧很快地便传遍全国,名扬天下。

在其他曲艺剧种的影响下,川剧本身的剧目也变得丰富多彩,各种题材都有,内容翔实。在民间有"唐三千,宋八百,数不完的三列国"的说法,说明其数目之多。川剧最主要的是受高腔剧目的影响,很多剧目都是从高腔中改编或者移植过来的。传统的剧目则有"五大袍"、"四柱"、"江湖十八本"和"四大本头"等说法,五大袍指的是《青袍记》、《黄袍记》、《白袍记》、《红袍记》、《绿袍记》;四柱指的是《碰天柱》、《水晶柱》、《炮烙柱》、《五行柱》;四大本头则是指早年的《琵琶记》、《金印记》、《红梅记》、《投笔记》。这些剧目具有故事情节丰富、表演形式丰富多彩的特点。后来经过整理和挖掘也创作出很多优秀剧目,如《柳荫记》《玉簪记》《彩楼记》等。

川剧具有巴蜀文化、艺术、历史、民俗等方面的研究和认知价值,在中国戏曲史及巴蜀文化发展史上具有十分独特的地位。对丰富我国的曲艺史有着极其重要的作用。成为四川地区百姓的精神象征,是人们文化娱乐生活中必不可少的部分,它本身所凝注着丰富的文化内涵和研究价值,是我国戏曲宝库中的珍贵财富。

射箭提阳戏

【非物质文化遗产百科名片】	遗产项目	射箭提阳戏
	所属地区	四川省广元市
	艺术特点	是一种既原始古朴又独具特色的戏剧形式,种类繁多,剧目丰富。
	传承意义	射箭提阳戏属传统的民间文化,在整个中国傩戏中占有重要地位,具有独特的学术价值和实用价值,发掘、保护射箭提阳戏,对于弘扬中国优秀传统文化、丰富群众的精神文化生活、促进对外文化交流,具有重要的现实意义。

射箭提阳戏是宗教与艺术相结合的一种原始古朴的戏剧形式,在古代时期是用来祭祀酬神的,主要表演形式为人和木偶同台演出,其演出风格和表演形式皆具有很浓的特色,其唱腔多是以本地的民间歌曲和小调形成的,在元坝区射箭乡等地区广为流行,具有典型的地方性特征。

古代时期,射箭提阳戏又称花花愿戏,是由本地区民间流行的酬神、娱人的傩舞发展而成的,既有原始古朴的特色也有现代性的表演形式,在漫长的历史中,射箭提阳戏具有种类繁多,剧目丰富等特点,依然保留着信奉道教的形式。演出分3个部分。一是开坛,即请神。二是娱人,即演戏。三是送神,即恭送神灵回归天界。演出时多是以提线木偶、面具、人三种混合演出,共组于一台演出之中,和其他曲艺剧种并没有相似之处,在历史演变中慢慢地进行改革,形成了具有时代性、风格独特的剧种。因其具有较高的研究价值,射箭提阳戏被列入非物质文化遗产名录。

在演出中,三种表演形态都有着自己独特的表演体系,彼此之间的分工明确,细致到位。如在表演中法师主持祭祀礼仪;面具或涂面化妆扮演人物,进行演出中第二部分——娱人;提线木偶则是以不同的造型和表演,在剧中代表着天神天将,能够为人们带来吉瑞。

关于演出的舞台,射箭提阳戏则有着严格的规则,如演出舞台中必须设置香案坛场。用一块幕布隔为前后台,前台上多是悬挂"三清"与"三圣"神图。木偶的表演区则设置一长三尺,高二尺的长方形布框,木偶就在这个范围内进行表演。然后,演员躲在幕后用丝线操纵木偶,表演"三圣登殿"、"关韩镇坛"、"二郎降孽龙"等具有宗教色彩的剧目。

在表演中,射箭提阳戏的音乐伴奏只有打击乐器,没有管弦乐器,打击乐器中主要以马锣、圆鼓为主,辅之以大钵、木鱼、长号等乐器,在表演中根据剧情和唱腔的需要,一般是钩锣领打,并没有专门的指挥乐器的演员。

受川剧等剧种的影响,射箭提阳戏面具很优美。与其他剧种不同的是,射箭提阳戏的面具根据人的脸部、凹凸部位等刻画出来的,演员戴上不大不小,能够衬托所演人物的精神和性格特征。脸谱的画法主要是根据民间说唱本的脸谱为原型,并加以创新,使面具形象既符合戏中人物的性格,又符合人们的审美观,具有强烈的民俗风情气息,是我国曲艺剧种中的珍宝。

射箭提阳戏的道具服装在演变中也慢慢齐全,有关公刀、枪、棍、铜、鞭、令旗、道衣、道帽、猴衣等。

由于采用口传心授的传承方法,所以射箭提阳戏的剧目并不是很多,具有影响

力和深受百姓喜欢的剧目有《灵官镇坛》、《姜子牙挂帅》、《童子赶马》、《出土地》、《安安送米》、《湘子渡妻》、《驼子加门》、《渡金滚灯》等。

射箭提阳戏属传统的民间文化，在整个中国傩戏中占有重要地位，具有独特的学术价值和实用价值，发掘、保护射箭提阳戏，对于弘扬中国优秀传统文化、丰富群众的精神文化生活、促进对外文化交流，具有重要的现实意义。

然而，进入 21 世纪以来，由于各种原因，射箭提阳戏正在慢慢地萎缩，目前已经到了生死存亡的关头，对这一古老的剧种的保护和抢救已经是迫在眉睫。

贵 州 省

 【非物质文化遗产百科名片】	遗产项目	侗戏
	所属地区	贵州省黎平县
	艺术特点	唱词十分讲究音韵,其尾韵统一,腰韵严谨。
	传承意义	侗戏是民族民间戏剧艺术的瑰宝之一,尽管发展缓慢,但民族特色和地方特色鲜明,有深厚的群众基础。在中国戏曲史及贵州文化发展史上具有十分独特的地位,对丰富我国的曲艺史有着极其重要的作用。

　　侗戏发展源远流长,侗族人民在长期的劳动生活中创造、传播,并不断进行加工和创新,在事件的累积中慢慢形成的以百姓喜闻乐见的方式进行表演的曲艺剧种,具有侗族民族强烈的民间色彩和乡土气息,在贵州、湖南、广西等地区广为流行,有着良好的声誉和深厚的群众基础,是侗族最具特色的曲艺剧种之一。2006 年,侗戏被列入非物质文化遗产名录。

　　早间在贵州地区,流行着一种侗族民间说唱艺术"嘎锦"和"嘎琵琶",在其基础上,后来汉族的曲艺剧种传播到贵州,"嘎锦"和"嘎琵琶"受到汉剧声腔、表演方式、曲调、舞台等方面的影响而逐渐形成新的剧种。在嘎锦的表演中，演员多是采用自弹自唱的表演方式，并不断地用说白来推动故事剧情的发展，内容取材多以侗族的传说故事为主。"嘎琵琶"则分为短歌和长歌。短歌主要用于抒情，长歌则用于述事。道光年间之后，各种专业的演员开始进行侗戏的剧目创作工作，并取得很好的成绩。在贵州省黎平县地区，很多侗寨都有业余侗戏班，代代相传。

受汉剧曲艺剧种的影响，侗戏形成在各方面都比较成熟的体系，按照唱腔的结构和形式，侗戏唱腔可分为戏腔和歌腔两种。戏腔，主要以平调为主，其曲调多是由外地传播而来，如戏腔包括汉族戏曲唱腔和民间曲调。歌腔则是由本地的侗族民歌演变而来，种类非常丰富，多姿多彩，早期的有琵琶歌、山歌、嘎锦等，后来吸收了牛腿琴歌、笛子歌等声腔精华部分。这些民歌形成了侗戏庞大而丰富的曲调。在表演中，根据剧情与表现人物性格的需要，戏腔和歌腔交替使用，有时二者也会同时使用。伴奏乐器主要以二胡、牛腿琴、侗琵琶为主，辅之以月琴、低胡、扬琴、竹笛、芦笙等乐器，常常在开台和人物上下场用打击乐器来伴奏，打击乐器主要有鼓、锣、钹、镲等。

传统剧目除了来自侗族广为流传的琵琶歌、民间故事和汉族故事，侗戏还从汉族戏曲剧目进行移植和改编，形成具有自己风格的剧目。其中根据侗族本地区民间传说故事改编的剧目，如《刘美》、《珠朗娘美》、《金俊与娘瑞》等；从汉剧中移植过来的剧目，如《陈世美》、《梁祝姻缘》、《生死牌》、《十五贯》、《白毛女》等；时代发展后，也进行创作了现代剧目，如《团圆》、《二十天》、《一个南

瓜》、《杨娃》、《好外孙》等。

侗戏是民族民间戏剧艺术的瑰宝之一,尽管发展缓慢,但民族特色和地方特色鲜明,有深厚的群众基础。在中国戏曲史及贵州文化发展史上具有十分独特的地位。对丰富我国的曲艺史有着极其重要的作用。

侗戏虽然只是一种地区性民间艺术,但它却承载着一个地区历史和情感的双重记忆。要想让侗戏得到进一步的发展,最为基础的地方就是传承,最为关键的地方就是创新。因此,侗戏自身也需要不断地创新,以便紧随时代前进的步伐。只有让侗戏在传承的基础上不断地创新,在创新的引领下继续地前行,才是推动整个侗戏生生不息,发扬光大的关键所在。

云　南　省

白剧

【非物质文化遗产百科名片】	遗产项目	白剧
	所属地区	云南省大理市
	艺术特点	文学性较强,戏曲中常见的陈词滥调较少,有不少剧目出于文人手笔,文词雅美。
	传承意义	白剧是云南省大理地区最有特色的曲艺剧种之一,民族特色和地方特色鲜明,有深厚的群众基础。在中国戏曲史及贵州文化发展史上具有十分独特的地位,对丰富我国的曲艺史有着极其重要的作用。

　　白剧,原名"吹吹腔",起源于明代江西地区的弋阳腔传播到云南省地区,并在传播的过程中与本地的语言、曲调相结合而形成的,在乾隆年间已经开始结成戏班演出,1949 年以后, 吹吹腔又吸收白族曲艺大本曲的曲调,在各方面都得到很大的提高,正式改称为白剧。白剧保留着白族地区音乐的古朴严谨的特点,并根据时代进步进行了创新,但仍有着严格而固定的表演程式。白剧主要在云南西部洱源、云龙、大理、鹤庆等白族聚居地区广为流行,深受白族人民的喜爱。因此,白剧被列入非物质文化遗产名录。

　　在音乐上,白剧可以分为唱腔音乐和伴奏音乐两大类。唱腔音乐由从弋阳腔中演变过来的吹吹腔以及本地特有的大本曲组成，兼杂着部分民间乐曲，范围很广，曲调曲牌丰富；伴奏音乐则是以传统吹吹腔的唢呐曲牌、打击乐和大本曲的三弦曲牌为主，并在流传中吸收了部分民间的打击乐方法和歌舞。在唱腔也有按其他标准进行划分的，如按照唱腔的行当可以分为小生腔、小旦腔、摇旦腔、须生腔；按人物身份和动作分为英雄腔、抖马腔、哭腔、苦腔；按节拍、唱法也可以将其分为平板、高腔、垛垛板、一字腔、流水板等。在音乐中，还有很多民歌曲调，如白族本地的《麻雀调》、《泥鳅调》、《朝山调》以及外地传来的《风绞雪》、《课课子》等。

在演唱中使用本地方言或者夹杂着汉语，在唱词上基本上采用白族韵文"山花体"，也就是所谓的"三七一五"，即前3句为七字句，第4句五字，或"七七一五"前7句为七字句，第8句五字，在演唱中这种独特的曲调被人们称为"七句半"，舞台语言上主要采用白语和汉语两种语言演唱，其曲调大多来自白族本地区的民歌民调，并吸收了部分外来的曲调和歌曲。在表演的时候，一般没有乐器伴奏，在转腔或者换腔中常常采用唢呐接腔，在时间的积累中，接腔过门慢慢地也形成了很多独特的表演程式，具有变化复杂、夸张等特点，主要是用来描述人物的性格特征。打击乐器受到民间歌舞的影响，使用方法与歌舞基本相同，演出中，常与唢呐相互配合使用，以增强舞台效果和感染力。

在演出中,白剧继承了弋阳腔的行当体系,分为正生、须生、英雄生、小生;老旦、正旦、花旦、苦旦、武旦、摇旦;黑净、红脸、大花脸、二花脸;大丑、中丑、小丑等十多个行当,各行之间的界限虽然不是很严,但都有各自独特的步法,在演出中讲究"一装、二唱、三敲打",即首先是化妆,必须能够紧扣人物的性格特点和身份进行化妆;二唱指的是演员的演唱技巧要足够好,声音饱满,富有柔情;三敲打则指的是在表演中伴奏乐器的使用应该仅仅地跟随剧情的发展和表现人物的需要,丝丝入扣。在白剧中,也有着自己的脸谱画法,颜料采用红黑白蓝紫五色,没有亮眼的红黄绿金银等颜色,笔调粗犷,画法简单,意在画出人物的性格特征或者心理特征。

因来自民间,剧目创作素材取材于民间,所以白剧的剧目数量很可观,传统的剧目大约有四百出,大多都是民间故事传说或者从其他剧种中移植过来的剧目,新中国成立后对传统的剧目进行新创、整理、改编,按照内容白剧的剧目可以分为袍带戏、生活剧、民间传说故事剧、新编历史剧和现代戏五大类。1962 年,大理白族自治州白剧团正式成立。白剧的发展翻开了新的一面,影响力较大的剧目有《红色三弦》、《苍山红梅》、《望夫云》、《阿盖公主》、《情暖苍山》、《苍山会盟》、《白月亮白姐姐》、《崔文瑞砍柴》、《火烧磨房》、《窦仪下科》、《柳荫记》、《竹林拣子》、《访白袍》等。

白剧是云南省大理地区最有特色的曲艺剧种之一,民族特色和地方特色鲜明,有深厚的群众基础。在中国戏曲史及贵州文化发展史上具有十分独特的地位。对丰富我国的曲艺史有着极其重要的作用。

然而,随着经济的发展,白剧面临着前所未有的生存危机,最严重的是人才断层,很多绝技面临着失传的危险。幸好在党和政府的保护和支持下白剧正在逐渐走出当前的困境。

西藏自治区

【非物质文化遗产百科名片】	遗产项目	藏戏
	所属地区	西藏自治区
	艺术特点	演出一般在广场进行，并没有固定的舞台，演出的时间可短可长，具有非常多变的灵活的特点。
	传承意义	传承了数百年，是研究藏族文化和历史的活化石，对于了解藏族地区的民俗风情有着很重要的作用，藏戏中具有非常丰富的历史文化价值和研究价值，对完善我国戏曲的知识体系有着重要的补充作用，丰富了人们的业余文化生活，促进中国传统文化的传承发展。

关于藏戏的形成，还有一个美丽的传说故事。据资料记载，早期的雅鲁藏布江上没有什么桥梁，很多船只和百姓都被咆哮的江水吞噬。这时有一位年轻的僧人唐东杰布看到眼里，痛在心里，他许下宏愿，发誓架桥，为民造福。唐东杰布在山南琼结，认识了能歌善舞的7位姑娘，组成了西藏的第一个藏戏班子，用歌舞说唱的形式，表演宗教故事、历史传说，劝人行善积德、出钱出力、共同修桥。随着雄浑的歌声响彻雪山旷野，有人献出钱财，有人布施铁块，有人送来粮食，更有大批的农民、工匠跟着他们，从一个架桥

工地,走到另一个架桥工地……藏戏的种子随之撒遍了雪域高原。所到之处,人们为姑娘们美丽的容貌、婀娜的舞姿、优美清新的唱腔赞叹不已,观众们惊叹道:莫不是阿吉拉姆下凡跳舞了吧!以后人们就将藏戏演出称为"阿吉拉姆"。

在藏语中,藏戏的称呼就是"阿吉拉姆",意为"仙女姐妹"。据传藏戏最早由七姐妹演出故而得名。藏戏是由本地的宗教艺术发展而来的,宗教艺术 17 世纪时从寺院宗教仪式中分离出来,受到民间歌曲、舞蹈以及曲调的影响,而演变为能够进行唱、诵、舞、表、白和技等生活化表演的技巧,因其内容多以百姓生活相关,故而很得百姓的喜爱。藏戏基本上是因人定曲,唱腔具有西北地区粗犷豪迈的特色,在句尾时常常采用帮腔的方式来增加舞台效果。早期的表演主要在广场上进行,并没有固定的舞台可以演出,而且藏戏的时间要求很宽松。可短可长,表演方式十分灵活。在青海、甘肃、四川、云南 4 省的藏语地区广为流传。2006 年,藏戏被列入非物质文化遗产名录。

在早期的演出中,藏戏演员的服装基本上一场戏只有一套服装,而且不化妆,采用戴面具进行弥补。藏戏有白面具戏、蓝面具戏之分。蓝面具戏在不断地流传的过程中因为地域不同所受影响不同而逐渐形成木隆藏戏、迥巴藏戏、香巴藏戏、江嘎尔藏戏四大流派。一年一届的"雪顿节"就是藏戏进行表演的旺盛时期,所以也被称为"藏戏节"。

起初藏戏是由宗教艺术发展而来,没有角色行当的分工,戏班中设有剧情讲解者、演剧者、喜剧者、祝福者、伴唱伴舞者等,分工简单、演员各司其职,并没有形成独立的演出体系。随着时代的发展,尤其是受到汉族剧目的影响,藏戏移植和改编了很多大型剧目,慢慢地演变为各种角色类型,如在蓝面具戏中就有 13 种。如男、女青年角色,男、女老年角色,男、女配角,反派主丑角、反派次丑角、动物角色、伴唱伴舞角色、剧情讲解角色等,各角色之间分工明确，并没有严格的界限。

表演中，藏戏常常分为 3 个部分，第一部分为"温巴顿"，主要是开场表演祭神歌舞；第二部分为"雄"，主要表演正戏传奇；第三部分称为"扎西"，意为祝福迎祥。

由于是从宗教中演变而来，藏戏的剧目也多含有佛教内容，劝人向善，积善积福等，传统剧目相传有"十三大本"，比较有名气的是有"八大藏戏"之称的剧目，如《文成公主》、《诺桑法王》、《朗萨雯蚌》、《卓娃桑姆》、《苏吉尼玛》、《白玛文巴》、《顿月顿珠》、《智美更登》等，另外在百姓中较有影响力的有《日琼娃》、《云乘王子》、《敬巴钦保》、《德巴登巴》、《绥白旺曲》等。

藏戏传承了数百年，是研究藏族文化和历史的活化石，对于了解藏族地区的民俗风情有着很重要的作用，藏戏中具有非常丰富的历史文化价值和研究价值，对完善我国戏曲的知识体系有着重要的补充作用。藏戏的剧本也是藏族文学的一个高峰，保留了藏族古代文学语言的精华。

然而在时代的变革中，藏戏陷入了与现代艺术和娱乐形式争夺观众和演出市场的竞争局面。藏戏是藏族地区宝贵的精神文化财富，是研究藏族民俗和社会的最好的资料，藏戏发展面临的危机，鉴于藏戏的珍贵和面临着危机，藏戏得到了大量社会人士的关注，在社会各界的支持下，藏戏不断地发展。

第六章
西北地区戏剧

陕 西 省

	遗产项目	秦腔
	所属地区	陕西省
	艺术特点	是中国最古老的剧种之一，高昂激越、强烈急促。尤其是花脸的演唱，更是扯开嗓子大声吼，很有特色。
	传承意义	秦腔是中国最古老的曲艺剧种之一，对我国各地曲艺剧种的形成和发展作出了独特的贡献，京剧、汉剧、徽剧、川剧等剧种都有它的影子，对研究我国曲艺剧种的演变和声腔的变化都提供了翔实的资料，具有活化石之称，是中国宝贵的财富。

　　在西北地区，每当遇到不顺心的事情，百姓们常常尽情高喊，用以抒发心中的郁闷之气，慢慢地就演变为一种百姓喜闻乐见的形式，在陕西、甘肃一带的民间歌舞的影响下，并在中国古代政治、经济、文化中心——长安开始发展起来，经过历代演员的创新、改编、创作而慢慢地形成了一种新的剧种。因周代以来，关中简称为秦，秦腔由此而得名。在表演中，因使用枣木梆子为击节乐器，又叫"梆子腔"，以梆击节时会发出"恍恍"声，俗称"桄桄子"。2006 年，秦腔入选非物质文化遗产名录。

　　古代时期，在关中一带常年战火不断，所以秦腔早期的剧目也大多是关于历史上反侵略战争、忠奸斗争、反压迫斗争等重大的或富有生活情趣的题材，很好地表达陕西地区百姓英勇好战、粗犷豪迈、勤劳勇敢的民风而深受百姓喜欢，逐渐形成一套比较完整的表演技巧和音乐体系，秦腔所到之处都对各地的曲艺产生了很大的影响，成了梆子腔的鼻祖，对京剧的形成产生深远的影响。在清朝时期，秦腔达到了昌盛时期，各种专业的演出队伍更是随处可见。

古时的音乐较为简单和直接，秦腔唱腔为板式变化体，分欢音和苦音两种，欢音是用来描述喜悦高兴的心情，而苦音则是描述比较悲哀悲伤的情愫。秦腔唱腔板式可以分为慢板、二六板、代板、起板、尖板、滚板等形式，变化多端，能够表达复杂的声腔变化。伴奏乐器分为文场和武场两种，其中文场以板胡为主，辅以笛、三弦、月琴、唢呐等；武场基本使用打击乐器，如板、干鼓、手锣、暴鼓、战鼓、钩锣等。

秦腔传统的角色行当分为四生、六旦、二净、一丑，各行当之间有着独自的规则和表演程式，在历史的发展中，角色越来越丰富，后来甚至有"十三门二十八类"的说法，各行当之间分工细致，善于相互配合。在表演上，秦腔具有淳朴自然、优美生动、细腻深刻的特点，常采用以情动人、夸张的表现手法，具有很浓的西北民俗气息。秦腔中的生行和旦行在唱腔上的风格形成了鲜明的对比，生行长期显得比较高亢激越、雄迈豪放；而旦角的唱腔则显得委婉细腻、极富柔情之美。秦腔的脸谱很有特色，讲究庄重、大方、干净、生动和美观，脸谱的颜色主要以三原色为主，在画法上线条粗犷，笔调豪放，着色鲜明，对比强烈，突出人物的性格特征。对京剧脸谱的形成产生了很大的影响。

历史悠久的秦腔剧目也很丰富,内容翔实,多取材于历史故事及各种神话和民间传说,在民间较为有影响力的剧目,如《三娘教子》《和氏璧》《玉虎坠》《取洛阳》《紫霞宫》《三上殿》《春秋笔》《麟骨床》《长坂坡》《卖华山》《临潼山》《献西川》《斩单通》《柜中缘》《破洪州》等,随着时代的发展,其剧目也在不断地进行完善,深受百姓的喜欢。

秦腔是中国最古老的曲艺剧种之一,是三秦文化的典型代表样式,对我国各地曲艺剧种的形成和发展作出了独特的贡献,京剧、汉剧、徽剧、川剧等剧种都有它的影子,对研究我国曲艺剧种的演变和声腔的变化都提供了翔实的资料,具有活化石之称,是中国宝贵的财富。

汉调桄桄

【非物质文化遗产百科名片】	遗产项目	汉调桄桄
	所属地区	陕西省汉中市
	艺术特点	汉调桄桄中具有南北文化相互结合,东西风俗相互渗透、相互过渡的艺术特征。
	传承意义	汉调桄桄历史悠久,对研究我国戏曲剧种的源流走向、演变规律等方面,具有重要的学术价值。对研究汉水上游文化交流、文化变迁、文化整合及文化特质、大众审美等方面具有重要的文化价值以及还有非常重要的文献价值。

汉调桄桄,又名汉调秦腔、南路秦腔、桄桄戏,是一种由秦腔演变而来的新型剧种,唱功十分讲究,表演追求夸张,善于表达诙谐幽默的故事,因

其采用本地方言作为舞台语言，因而具有浓郁的乡土气息，很受百姓青睐。在陕西南部的汉中、安康一带广为流行，历史上曾一度传播到川北、陇东、鄂北等地区，具有很坚实的群众基础和良好的声誉。

　　明朝时期，秦腔传播到汉中、安康等地区，到清朝时建立了很多班社，在演出的过程中，艺人们吸收了本地区的民间山歌、小调，丰富了唱腔曲调，秦腔开始发生变化；不久后，川剧和汉剧的传播更使得秦腔演变为新兴的汉调桄桄，新剧种既保留了秦腔豪迈激越的特点，又融入了川、汉剧的柔和之美，在声腔和表演体系等方面具有鲜明的地方色彩和独特的风格。

　　和秦腔一样，汉调桄桄的唱腔也属板腔变化体，在声腔中保留了秦腔一人主唱，众人帮腔的特点，其帮腔多是以花脸行当为主，善用"假嗓"，声高八度，尾音拖腔较长。唱腔的板路包括二流、慢板、尖板、拦头等多种板式变化形式，根据旋律和曲调的进程，则有软、硬、快、慢之分。"软"是指旋律和曲调较为平稳低婉，善于表达悲伤痛苦的情绪；"硬"则是指旋律比较高昂激越，流畅明快，多用于表达欢喜愉快的情绪；快指的是快板，慢则是慢板。和秦腔一样，伴奏乐器分为文场和武场两种，早期的文场以二弦为主奏乐器，后来改变为以板胡为主，辅之以京胡、海笛、三弦等与之配合；武场则是以打击乐器为主，如尖鼓、钩锣、平鼓、铙钹、牙子、梆子、木鱼等乐器都是汉调桄桄中常用的。

　　发源于民间的汉调桄桄剧目丰富，内容翔实，传统剧目有七百多出，汉调桄桄独有的有百余出剧目，如《刘高磨刀》、《镔铁剑》、《夕阳山》、《水灌晋阳》、《红缨披》等；而《帝王珠》、《无影剑》、《呢喃阁》、《草坡面理》等剧目在其他剧种中鲜见或已失传;后来新改编的《孔雀胆》、《宇宙锋》、《芙蓉剑》也获得了极大成功。

在表演中,汉调桄桄追求幽默滑稽的效果,来取得百姓的喜爱,多采用大幅度夸张的表演手法,在实践中,汉调桄桄形成了很多独特的技巧,如箍桶、吊毛盖、揣火、耍椅子变脸、换衣、棍架子、撒莲花等,另外还有不少步法和身段的技巧。虽然汉调桄桄的服饰和化妆都很简单,但其却十分注重唱工,当地人都习惯听这种声音优美、旋律激越的音乐,并沉醉在其中,久久不能自拔。

汉调桄桄历史悠久,对研究我国戏曲剧种的源流走向、演变规律等方面,具有重要的学术价值。对研究汉水上游文化的演变和民间风俗等方面具有重要的文化价值及文献价值。

进入 21 世纪以来,汉调桄桄的观众日渐减少,许多剧团、班社被迫解散,很多传统剧目、曲牌、表演技艺已经或即将失传。目前仍存在的剧团情况不容乐观,剧团的发展日趋苦难,举步维艰,急需人们进行抢救和保护。因此,汉调桄桄被列入非物质文化遗产名录,并得到妥善的安置和保护。党和国家非常重视非物质文化遗产,并号召一批学者对汉调桄桄进行了挖掘和整理。

甘 肃 省

曲子戏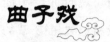

【非物质文化遗产百科名片】	遗产项目	曲子戏
	所属地区	甘肃省敦煌市、酒泉市
	艺术特点	曲子戏具有主题集中、短小精悍的特点,演出的时间有长有短,十分灵活。
	传承意义	在历史发展中,曲子戏对西北地区的人文娱乐作出了独特的贡献,对各种地方戏曲剧种也有着很大的渊源,是百姓喜闻乐见的一种曲艺,对研究西北地区的风土人情提供非常翔实的资料,对丰富我国的曲艺剧种有着极其重要的促进作用。

　　曲子戏,是明清时期在西北地区的民间俗曲、歌舞、曲调以及曲艺剧种的基础上形成的,因为流传地域的不同,曲子戏在各个地区的名称也不同,如敦煌曲子戏、华亭曲子戏、新疆曲子戏、宁夏曲子戏等,因其剧目皆是从百姓生活故事中改编而来,具有浓郁的乡土气息和民俗风情,很受百姓的青睐。主要在西北五省地区广为流行。

　　作为一个具有地方特色的民间曲艺剧种,曲子戏已经在甘肃等省市地区流传了上千年,在千年的创新中,曲子戏已经形成自己独特的成熟的表演体系,在内容上也借鉴其他曲艺剧种,并增加了民间新创作和新的艺术形式,使其在时代的发展中一直备受百姓喜爱,至今逢年过节,民间仍有小规模演出。与时俱进的同时曲子戏还保留了敦煌遗书中的曲子词和曲调,使得敦煌这珍贵的文化财富得以保留下来。

　　具有悠久历史的曲子戏,在借鉴民间歌曲、调子、声腔的影响下形成了联腔体。曲子戏的联腔体由众多的曲牌连缀而成,后来又吸收了秦腔、汉调桄桄、汉调二黄等声腔的精华部分而形成种类丰富、数量可观的曲子调。曲子戏中的调子向来有三十六小调,七十二大调说法。据资料记载,曲子戏的曲调数量要比这还要多很多,在漫长的历史中,曲子戏吸收了大量来自南北的曲调,融会贯通形成曲子戏中具有特色的曲调;有时在表演中直接采用眉户调,如钢调、银纽丝、西京、采花、紧诉、慢诉,等等;也有很多从当地民间小曲演变而来的新调,如剪花调、莲花落、钉缸等。曲子戏的表演和化妆等方面都很简单,剧目也多是根据民间生活故事进行改编的,贴近时代,贴近百姓,贴近生活,并采用百姓喜闻乐见的方式进行表演,因而在民众中拥有很高的声誉和坚实的群众基础。

　　在民间演出中,为了适应民间的演出条件,曲子戏的演出形式有舞台演出和地摊坐唱两种,其中舞台演出最具特色,是由演员精心准备的节目,舞台演出有文场和武场之分,服装华美、道具精致,舞台语言以本地方言为主,对演员的要求很高,如最具特色的丑角表演,常常采用夸张的手法来表现幽默诙谐、滑稽伶俐的人物特征。地摊坐唱则不受演出场地的限

制,没有服装道具,采用清唱的方式,只要演员嗓子好,能够跟上曲调的发展及伴奏乐器的拍子,就能够入席演唱。这种亲近百姓的表演方式,很受百姓的青睐。

　　在音乐上,曲子戏伴奏乐器分

为文场和武场两种。文场主要以三弦、板胡为主,辅之以二胡、笛子等;武场早期是以四页瓦、碰铃为主,后来受到秦腔、汉调桃桃及汉调二黄的影响,添加了能够增强舞台效果的干鼓、铙钹、钩锣等。曲子戏的整个声腔体系由一百多个曲调组成,其中有些曲调是专曲专用的,如"山歌调"只用于"六瓶花"等;绝大多数曲调与"眉户戏"有着很深的关系,但演变中彼此间也有些差异;从表达感情上看,可分为"苦音类"和"花音类"。

早期的曲子戏剧目多是根据秦腔里的某一特定的片段改编的,后来根据神话故事、历史传说及民间社会生活等进行剧目创作。从秦腔剧目片段中改编的剧目有《四郎探母》、《刺目劝学》、《李彦贵卖水》、《白蛇盗草》、《莺莺降香》、《断桥亭》等。后来改编的剧目种类很多,如《张三背板凳》、《啃羊头》、《拉猴》、《白先生看病》、《十八摸》、《闹老爷》、《相面》、《双喜接妹》、《王婆骂鸡》、《下四川》、《顶花砖》、《跛子送丈母》、《两亲家打架》、《大夫小妻》、《张连卖布》、《老少换》、《李志英站店》、《推磨》、《刘三抽烟》、《春姐找父》、《花子拾金》、《当皮袄》、《告斧头》、《瞎子接亲》、《货郎背包袱》、《剜蔓菁》等,具有浓厚的生活气息,很受百姓喜欢。

在历史发展中,曲子戏对西北地区的人文娱乐作出了独特的贡献,对各种地方戏曲剧种也有着很大的渊源,是百姓喜闻乐见的一种曲艺剧种,对研究西北地区的风土人情提供非常翔实的资料,对丰富我国的曲艺剧种有着极其重要的促进作用。

然而,现如今的曲子戏只在民间聚会或者庙会中出现,活动空间十分狭小,随着时代的发展和进步,曲子戏与现代社会之间矛盾冲突越来越严峻,表演艺人的不断减少,如今的曲子戏正面临着失传的境地。其实,曲子戏富有丰富的表现力,如果进一步挖掘整理,并积极借鉴其他曲艺剧种的精华部分,努力创新,便可以成为极具地方特色的曲艺,也可以与其他曲艺相互切磋,具有一定的挖掘保护价值。